AF345932

Vasco, Carlos Eduardo.
    Diálogos sobre los grandes problemas del ser humano / Carlos
Eduardo Vasco, Alfonso Suárez Gómez. —Santafé de Bogotá:
Cooperativa Editorial Magisterio, 2008.
    172 p.; 21 cm. — (Colección mesa redonda)
    1.Psicología aplicada 2. Autorrealización 3. Satisfacción I. Vasco,
Carlos Eduardo II. Tít. III. Serie
    158 cd 20 ed.
    AGR3317
                    CEP-Biblioteca Luis-Angel Arango

Carlos Eduardo Vasco

Alfonso Suárez Gómez

Diálogos sobre los grandes problemas del ser humano

Las estructuras mentales

cooperativa editorial
MAGISTERIO

Colección Mesa Redonda

DIÁLOGOS SOBRE LOS GRANDES PROBLEMAS
DEL SER HUMANO
Las estructuras mentales

Autores
© CARLOS EDUARDO VASCO
   ALFONSO SUÁREZ GÓMEZ

Libro ISBN: 978-958-20-0512-2

Primera edición: 1999
Segunda edición: 2008

© COOPERATIVA EDITORIAL MAGISTERIO
   Diag. 36 Bis *(Parkway La Soledad)* N° 20-70
   Celular: (+57) 312 4354489
   Bogotá, D.C., Colombia.
   www.magisterio.com.co
   info@magisterio.com.co

Dirección General
ALFREDO AYARZA BASTIDAS

Dirección Editorial
ILSE PATRICIA SÁNCHEZ R.

CONTENIDO

Síntesis

Prólogo

Viaje de autodescubrimiento

El trabajo que presentamos a continuación pretende ser un viaje de autodescubrimiento en el que proponemos al lector que participe personalmente, realizando su propio viaje de autodescubrimiento, para el cual el texto aquí presentado quiere servir de acompañamiento en esta investigación, en la cual buscamos coincidencias, así sean expresadas en diferente lenguaje, que nos digan si hay *algo* que sea común a la gran mayoría de los seres humanos (¿a todos?).

Debido a que este trabajo se ha realizado exitosamente con muchas personas en forma presencial, quisimos compartirlo con muchas más a través de este escrito, a pesar de las innumerables dificultades que sabíamos se presentarían al cambiar de un formato de trabajo directo donde inmediatamente se puede reaccionar a las propuestas aquí presentadas, y a la vez se puede responder inmediatamente a las inquietudes surgidas de las mismas, a otro formato indirecto, mediado por un escrito.

El formato de trabajo directo tiene también los innumerables interrogantes e incertidumbres inherentes a toda investigación, pero ofrece al proponente el soporte y la tranquilidad de sentirse acompañado y de poder contar con la continua retroalimentación entre todos los participantes, en la que cuenta el gesto, la mirada, la duda connatural al proceso de ir abriendo camino, el timbre, el tono, la fuerza de la voz, y hasta el silencio, mientras se avizoran los peligros de explorar los confines de nuestras mentes, valiéndonos de esas señales para tratar de ir más allá de sus fronteras; es un formato fluido donde cada pensador se piensa a sí mismo, en compañía de otros, siempre tratando de ver conjuntamente si hay *algo* más allá del pensamiento y de lo pensado. Todo ello parece perderse en el formato indirecto.

Sin embargo, una vez elegido el formato escrito, algo que nos tomó mucho tiempo fue el dilucidar cómo a través de esta nueva forma se podría investigar hombro a hombro con el lector, habiendo perdido tantas cualidades propias de la comunicación humana sin intermediarios, y con ella muchos de los elementos arriba mencionados.

En el proceso mismo de nuestra investigación y de indagar cómo podríamos superar tales escollos, el cual había sido hasta ese momento un proceso eminentemente de comunión entre las partes, mediado por el diálogo, descubrimos en él mismo el elemento que nos serviría de mediador en esta empresa, y donde consideramos que se perdería la menor cantidad de virtudes de la comunicación directa: el difícil género literario del diálogo. Sin embargo, quisimos adicionalmente hacer un osado intento por disminuir aún más las pérdidas, e intentamos trasladar al papel algunos elementos gráficos que nos parecían imprescindibles de la comunicación directa. Esperamos que con estos nuevos elementos hayamos podido lograr en alguna forma nuestro cometido.

8

Todos los cuidados anteriores son pocos, y se justifican en sí mismos, ya que nuestra pretensión no es que el lector nos crea o no, que nos acepte o nos rechace, sino simplemente la de contar con él como nuevo dialogante, para que cada vez podamos contar así con un mayor número de seres humanos que, como tales, nos acompañen en este viaje de autodescubrimiento, en este viaje de investigación, y que al incrementar el número de los viajeros, se aumenten las posibilidades de resolver los problemas de la mente y, con ellos, los del ser humano y de la sociedad.

De acuerdo con lo anterior, en nuestro caso, después de mucho trabajo y tiempo, logramos aproximarnos a algunos interrogantes que nos pusieron en contacto con factores cruciales en esta búsqueda de lo que somos como personas, de lo que podemos ser, de lo que seremos con, y sin estos elementos. Estos y otros factores que fuimos encontrando, nos dieron luces fundamentales para entender lo que ha sido la sociedad, lo que es la sociedad, y lo que puede ser la sociedad con, y sin estos elementos que, como lo hemos ido corroborando, podrán ser muy valiosos en la continuación de esta búsqueda. Por todo lo anterior, iniciamos con los mencionados interrogantes que, con el trabajo y la experiencia, se fueron convirtiendo en una encuesta, la cual ya ha sido respondida por más de tres mil quinientas personas, y a través de los ajustes realizados, ha quedado como la presentamos aquí al lector.

La encuesta se diseñó "lo más vaga posible" para no sugerir respuestas, impidiendo así el sesgamiento del encuestado por el autor de la encuesta.

¿Hay coincidencias entre usted y nosotros? El lector lo dirá. Para constatarlo, sería bueno que el lector se tomara el trabajo inicial de poner por escrito sus respuestas a la encuesta, y que ojalá las comparta con nosotros.

Las respuestas obtenidas hasta ahora han venido contribuyendo a afianzar algunos de los presupuestos de la teoría de la construcción y flexibilización de la estructura mental, y, lo que es más esperanzador, nos han mostrado la importancia de buscar los factores que son comunes a los individuos y a las comunidades; si estos factores personales y de grupo se pueden articular en procesos deliberados y cada vez más amplios, quizás nos permitan ver la luz al final del túnel.

Alfonso Suárez Gómez   *Carlos E. Vasco Uribe, S. J.*

MANO CON GLOBO REFLECTANTE (Litografía 1935). Tomado del libro *Godel, Escher, Bach* de DOUGLAS R. HOFSTADTER de Tusquets editores. 1995.

Encuesta

Apreciado lector:

Le quiero solicitar muy comedidamente lo siguiente:

- *Responder la encuesta que viene más adelante con lo que se le ocurra a primera vista, preferentemente por escrito.*

- *Una vez respondida la encuesta y hechos los comentarios que crea pertinentes, por favor responda también por escrito lo que viene después de la encuesta.*

1. ¿Qué es *eso* que lo induce a usted a actuar como lo hace?

2. ¿De dónde viene *eso* que lo induce a usted a actuar como lo hace?

3. ¿Cómo cree usted que se formó *eso* que lo induce a usted a actuar como lo hace?

4. ¿Qué aspectos de su vida son controlados por *eso* que lo induce a usted a actuar como lo hace?

5. ¿Cómo influye *eso* que lo induce a usted a actuar como lo hace en:

a) Sus juicios.

b) Sus valores.

c) Sus principios.

d) Su moral.

e) Su ética.

Bien; una vez hecho lo anterior, imagino que se le vienen muchos comentarios interesantes que puede anotar en el espacio siguiente y que espero me haga conocer.

* * *

Una vez haya realizado sus comentarios, como le solicité antes, y si ello no estaba incluido entre sus comentarios anteriores, por favor haga un paralelo de lo que ocurría en usted en el tiempo inmediatamente anterior a responder la encuesta y el tiempo inmediatamente posterior.

- ¿Podríamos decir que ocurrió algo?
- ¿Qué fue?
- ¿Qué implicaciones tiene para su vida?
- ¿Qué implicaciones puede tener para la sociedad?

Gracias por su colaboración.

Alfonso Suárez Gómez

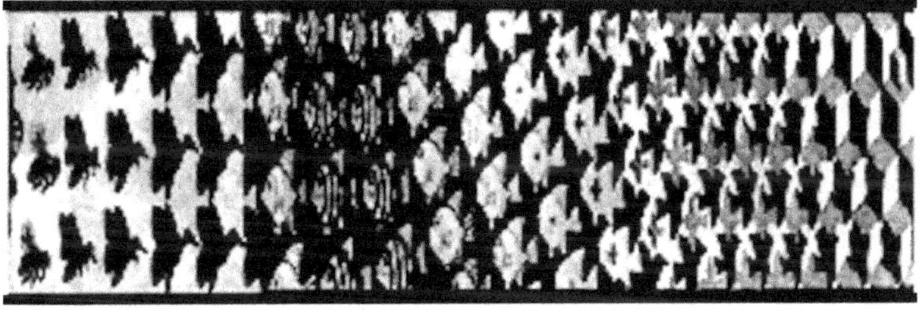

METAMORFOSIS II (Xilografía 1939-1940). Tomado del libro *Godel, Escher, Bach* de DOUGLAS R. HOFSTADTER de Tusquets editores. 1995.

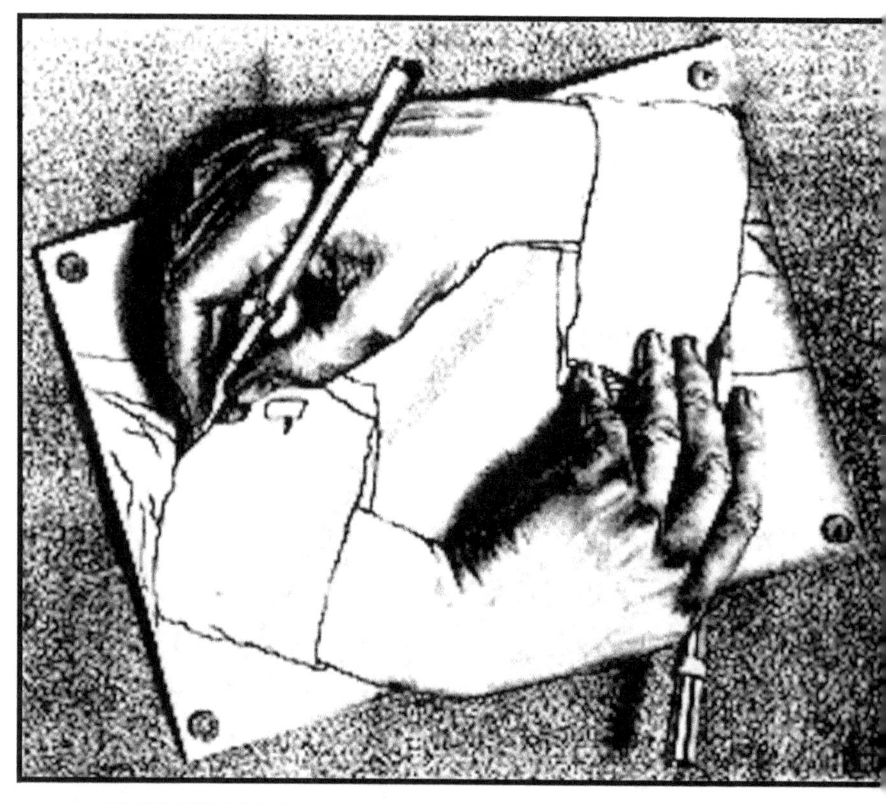

MANOS DIBUJANDO (Litografía 1948). Tomado del libro *Godel, Escher, Bach* de DOUGLAS R. HOFSTADTER de Tusquets editores. 1995.

UN DIÁLOGO POR CORREO ELECTRÓNICO

Apreciado lector:

A continuación compartiré con usted las respuestas a la encuesta anterior, dadas por un amigo y compañero de viaje, el Padre Carlos Eduardo Vasco Uribe, S. J., un ser multidimensional, matemático, filósofo, teólogo, científico, educador, filántropo, buscador y activista de soluciones a los problemas humanos, pero ante todo un verdadero humanista, que siempre ha tratado de ir más allá de las ideas, respaldando las suyas con la acción, y con el testimonio que significa su vida.

Esta encuesta es especialmente significativa para mí, no sólo por las calidades humanas del Padre Vasco, sino porque éste fue el primer intento de realizar este tipo de trabajo en forma no presencial. Él estaba en la Universidad de Harvard (EE. UU.), y yo me encontraba en Bogotá (Colombia).

Como ya lo mencioné, esta encuesta siempre se había aplicado presencialmente, debido a que yo consideraba hasta entonces que para extraer sus mejores frutos, una vez respondida, debía tener retroalimentación inmediata y presencial de por lo menos dos horas. A pesar de lo anterior, decidí que ya era hora de ensayar modalidades no presenciales, debido a que empezaba a considerar la necesidad de llegar a un mayor número de personas, y a la confianza con quien ha sido siempre una especie de mecenas intelectual para este trabajo, del cual no sólo ha sido impulsor, sino que se ha comprometido con el mismo, dedicándole parte de su tiempo e inteligencia.

Fue así como le envié la encuesta por correo electrónico, el cual nos permitió superar el problema de las distancias físicas, y nos brindó nuevos ánimos, hasta llegar al escrito que hoy compartimos con usted.

La mención al correo electrónico, fuera de lo referencial, contextualizante, o anecdótica, tiene por objeto poner a disposición del lector un medio más de acercamiento con nosotros, sus compañeros de viaje. Para que, si lo desea, pueda compartir con nosotros sus experiencias en este periplo sin fin, pongo a su disposición mi correo electrónico, el cual es:

asuarez@javercol.javeriana.edu.co
Ojalá podamos saber también de usted a través de este medio.
Alfonso Suárez Gómez

* * *

To: cevasco@pz.harvard.edu
From: asuarez@javercol.javeriana.edu.co
Subject: Encuesta
Attachment: encuesta.doc

¡Padre Vasco!
Le quiero solicitar muy comedidamente el favor de responder la encuesta que le envío como anexo, de acuerdo con las sugerencias mencionadas.
Bueno Padre, gracias por su colaboración y hasta pronto.

Alfonso.

* * *

¡Hola, Alfonso!

¡Aquí va la encuesta!

1. ¿Qué es *eso* que lo induce a usted a actuar como lo hace? Exigencias, demandas, hábitos, deseo de hacer algo por otros...

2. ¿De dónde viene *eso* que lo induce a usted a actuar como lo hace?
De la biografía toda, de la formación, de la emulación de personas que son modelos de identificación.

3. ¿Cómo cree usted que se formó *eso* que lo induce a usted a actuar como lo hace?

No sé, ni creo que nadie lo sepa. De todas maneras fueron muchos años de educación en el hogar, en el colegio, en el noviciado, muchas personas dedicadas a ayudarle a uno a formarse.

4. ¿Qué aspectos de su vida son controlados por *eso* que lo induce a usted a actuar como lo hace?
Creo que todos, excepto por supuesto tener que comer, dormir..., pero aún muchas de esas necesidades se controlan y hasta se dejan de satisfacer por *eso* que me mueve a actuar.

5. ¿Cómo influye *eso* que lo induce a usted a actuar como lo hace en:

a) Sus juicios.
Me mueve a ponderar las cosas antes de lanzarlos.

b)	Sus valores.

No sé qué contestar, pues *eso* creo yo que es lo mismo que los valores.

c)	Sus principios.

d)	Su moral.

e)	Su ética.

Lo de principios, moral y ética me parece lo mismo, y creo que *eso* que lo mueve a uno a obrar es lo mismo que lo mueve a uno a obrar bien, según sus principios, su moral y su ética. Otra cosa es que *eso* mismo que me mueve a obrar no sea lo suficientemente fuerte para seguir siempre *esos* principios.

Con respecto al tiempo antes y después de responder la encuesta, he tratado de ver si me ocurría algo nuevo, pero no, no lo veo. Creo que más bien me quedan inquietudes de tipo técnico sobre el texto, si es muy vago, muy difícil, si no se sabe cómo responderlo. Pienso qué podría usted hacer con las respuestas, o qué puedo yo sacar de saber qué es *eso* que me induce a obrar, que a veces me parece que se refiriera a lo que le dicen a uno de niño, que el ángel bueno le propone unas cosas por un oído, y el diablo por el otro le propone otras cosas más agradables...

Espero que me cuente cómo analiza usted estas encuestas y qué va encontrando.

Un abrazo de Carlos E.

* * *

Padre Vasco:

Gracias por sus respuestas y por su tiempo; entrando en lo de la encuesta le cuento que lo que he venido buscando es el motor de la vida individual y colectiva, y esta encuesta la he diseñado lo suficientemente vaga para tratar de no conducir al encuestado; es también abierta, en el sentido que se puede responder lo que se quiera desde que *eso* que el encuestado responda sea lo que él considera que lo induce a actuar como lo hace. El ver las coincidencias, así sean expresadas en diferente lenguaje, pone en evidencia que hay *algo* que es común a la gran mayoría de los seres humanos (¿a todos?). Es cerrada, para que se ponga en evidencia que *eso* no es otra cosa que una construcción, que es parte de la hipótesis de trabajo, y que por ende hay *algo* sobre lo que se puede operar para reconstruir un *eso* que contribuya a un futuro mejor, tanto para el individuo como para la sociedad. Por esto hago las preguntas 2 y 3:

2.	¿De dónde viene *eso* que lo induce a actuar como lo hace?

3.	¿Cómo cree usted que se formó *eso* que lo induce a actuar como lo hace?
Con estas preguntas lo que he encontrado es que ponen en evidencia el peso de la imitación, que es muy necesaria, especialmente en la infancia, por ejemplo, para poder aprender a hablar o a caminar, etc., casos en los cuales prácticamente se hace indispensable para el apropiado desarrollo del individuo; pero en otros casos, esa emulación de personas que son modelos de identificación se convierte en un factor que deforma al individuo y en ocasiones le genera conductas que van evidentemente en contra de sí mismo y de la sociedad de la cual forma parte.

Esto nos lleva a encontrar, tal vez no la causa última de cómo se formó *eso*..., pero sí nos pone en contacto con factores como la educación y la formación, como elementos que pueden cambiar sustancialmente la biografía tanto del individuo como de la comunidad.

Al entrar en la pregunta 4: "¿Qué aspectos de su vida son controlados por *eso* que lo induce a actuar como lo hace?", se reafirma lo que habíamos visto anteriormente, viéndose muy claro que *hay algo que ontrola casi todo*, que incluso permite controlar aspectos netamente biológicos, fisiológicos. Es decir permite ver que *hay un "eso" que en definitiva no es otra cosa que el motor de nuestras acciones, algo* que en buena parte controla nuestras vidas, y que ese motor tiene una influencia muy importante en lo que somos, en lo que seremos, en lo que es la sociedad, y en lo que será la sociedad. A ese *algo* o *eso*, lo denominaremos en adelante *estructura mental* (E. M.).

En relación con la pregunta 5: "¿Cómo influye *eso* que lo induce a actuar como lo hace en: a) Sus juicios. b) Sus valores. c) Sus principios. d) Su moral. e) Su ética?". Pretendo ver dos cosas: Una, si efectivamente *eso* , la E. M., la asocian los encuestados con algunos de los factores mencionados en la pregunta, cerrando un poco la encuesta y haciéndola menos "vaga", pero sin sugerirles la respuesta; y la otra, si no es afirmativo lo anterior, ver qué efecto tiene la E. M. que ellos intuyen sobre cada uno de los factores mencionados; se inicia con los juicios, ya que éstos son una consecuencia y no una causa (por lo menos en los primeros estadios), y por tanto, los juicios no son la E. M., impidiendo así el sesgamiento del encuestado por el autor de la encuesta; pero se ponen juntos los valores, la ética, la moral y los principios para que tengan suficiente peso en la pregunta, sin que conduzcan al encuestado a la E. M. relacionada con estos factores.

Buena parte de los encuestados intuyen que el *eso* afecta cuando no controla los juicios, los valores, los principios, la moral y la ética, creo que debido a que asocian el *eso con una creencia en algo, o con un ser supremo,* o con la ausencia del mismo, y, por tanto, ven que esta creencia determina los valores, la moral, etc.

Con respecto al paralelo de lo que ocurría en usted en el tiempo inmediatamente anterior a responder la encuesta y en el tiempo inmediatamente después de responder la encuesta: "¿Podríamos decir que ocurrió algo? ¿Qué fue? ¿Qué implicaciones tiene para su vida? ¿Qué implicaciones puede tener para la sociedad?", le cuento que las reacciones a esta pregunta han sido muy diferentes. Un buen número la ha visto como un catalizador que lo hace reflexionar sobre sí mismo y tomar conciencia de cómo se conduce a sí mismo, o sea que para éstos la encuesta no fue algo pasivo, sino que se constituyó en un elemento que les hizo caer en cuenta de aspectos de su vida de los cuales no eran conscientes; algunos consideran que ha habido un cambio importante en ellos con esa reflexión, que a su vez propicia o le abre camino a una mayor reflexión posterior.

Ya para finalizar, en cuanto a lo que podría yo hacer con las respuestas, básicamente creo que me vienen contribuyendo a afianzar algunos de los presupuestos de la teoría de la construcción y flexibilización de la estructura mental, E. M., y, lo que es más importante, es que estoy viendo que la E. M. es muy interesante, porque solemos creer que es muy particular y muy relativa, obviamente coherente con la biografía del individuo y con su formación, etc. Pero aunque eso sea cierto desde una perspectiva, también es cierto que, al verla desde su génesis, ésta es común y universal, y, lo que es más importante, que la toma de conciencia de esa presencia y de su influjo en todos los aspectos de la vida de los individuos es una construcción que debemos realizar conscientemente tanto como individuos como comunidades, en un proceso deliberado, que quizás nos permita ver la luz al final del túnel. Esa debería ser en última instancia la finalidad de la educación.

En relación con qué puedo yo sacar de saber qué es *eso* que me induce a obrar, creo que el identificar el *eso* , y más que el *eso* , el cómo se formó el *eso* y el cómo se puede *tansformar,* nos da un mayor control sobre nuestra vida particular y sobre nuestra vida de *comunidad.*

Bueno, Padre, nuevamente gracias por todo y seguiremos charlando sobre el tema.

Un abrazo de Alfonso.

* * *

¡Hola, Alfonso!

He leído varias veces su mensaje sobre *eso* y la encuesta. Me parece que hay algo muy de fondo ahí, y que cualquier instrumento que logre sacar algo de *eso* a la superficie es muy importante. Ya con ese número de cerca de tres mil personas encuestadas, me parece que puede tener usted más elementos de juicio que yo, y que ya puede empezar a formular algunas hipótesis de trabajo a partir de las regularidades que vaya notando y de lo que parezca ser más universal.

Por aquí sigue haciendo frío; anoche batimos todos los registros de temperatura mínima para el mes de abril, pero el tiempo está despejado, y anoche pude ver el cometa Hale-Bopp muy claro en el horizonte.

Saludos a los colegas y seguimos en contacto.

Un abrazo de Carlos E.

DIÁLOGO 1

"EL HOMÚNCULO":
EL PILOTO DEL SER HUMANO

*A*LFONSO SUÁREZ (AS): Como nos hemos dado cuenta, Padre, debemos pasar a una nueva fase de este trabajo sobre la construcción y la flexibilización de estructuras mentales. Se trata de compartir este trabajo con personas a las que no tenemos acceso directo como se ha realizado hasta la fecha, pero con las cuales se hace necesario compartir el fruto de este trabajo, por la necesidad de compartir en sí misma, así como para, a través de ellas, *ver la generalidad de las conclusiones hasta aquí obtenidas, y enfrentarnos al problema de comunicación implícito*. Así la pregunta inicial sería: ¿Cómo compartir, por ejemplo por medio de un escrito, una experiencia, algo que es para ser vivenciado?

En relación con esto, he realizado varios intentos en los que trato de ponerme en la situación de alguien que está en las circunstancias mencionadas. ¿Cómo llegarle por escrito? ¿Será posible acercarme a esa persona a través de un libro?

Una primera aproximación fue la de iniciar el libro con la encuesta, que debería ser respondida por el lector, para que él se situara desde el comienzo en el espíritu de este trabajo, y complementarla luego con la respuesta a una encuesta como la que usted me respondió. La suya me parece muy indicativa de esta nueva modalidad, debido a que fue el primer intento que se hizo de que la encuesta fuera respondida sin que el encuestador estuviera presente, y donde la retroalimentación no fue inmediata, sino que (debido a que se realizó por correo electrónico) pasaron varios días entre la encuesta y la retroalimentación, así como entre esta primera retroalimentación y las posteriores.

Como usted ya sabe, los siguientes desarrollos fueron combinando momentos presenciales y a distancia. Este tercer intento, el libro, va más allá, pues quien responde la encuesta es eminentemente un lector, y aunque quiero poder seguir comunicándome con él, si éste así lo desea (por ejemplo, por correo electrónico, o por correo normal u otros medios), ya el enfoque a partir de aquí debe ser eminentemente dirigido a un lector normal que posiblemente no pueda o no quiera comunicarse con nosotros.

Así, inicio nuestro primer diálogo mencionando que, a partir del trabajo realizado hasta aquí, se puede postular en primer lugar que todos admitimos que "hay un mecanismo, o instrumento que nos hace actuar como lo hacemos".

CARLOS E. VASCO, S. J. (CV): Bueno; en primer lugar, le confieso que cuando usted hablaba del *instrumento*, yo creía que el instrumento era la encuesta, ya que en los proyectos de investigación se llama *instrumento* a la encuesta misma. Pero en su última frase me parece que el instrumento es más bien *eso* que usted llama *estructura mental*.

Lo segundo es que, si ése es el caso, me gustaría más hablar de un instrumento que de ese *algo* o *eso*, en el sentido de que al que lea este trabajo le sugiere más, porque todos estamos enseñados a pensar ya un poco por las comparaciones tecnológicas, y por eso *pensamos en el entendimiento humano como un instrumento, como un computador*; y en cierto sentido valdría la pena comparar ese instrumento de que usted habla con el piloto automático, en el sentido de que el piloto automático no es ningún piloto, sino que es un mecanismo capaz de manejar el avión, con tal de que se le haya dicho antes qué tiene que hacer, pero sin capacidad para reaccionar ante imprevistos; por lo cual un piloto automático es peor hasta que unos pilotos despreocupados, como ésos del avión de American Airlines que desconectaron el computador y simplemente se pusieron a ensayar maniobras ellos mismos y se estrellaron; claro que es muy probable que si ellos hubieran dejado actuar el computador, también se hubieran estrellado; pero por estar tan confiados en el piloto automático hasta última hora, cuando desconectaron el computador y trataron de actuar, ya era demasiado tarde. Puede que haya sido por culpa de los computadores, o por culpa del que los programó, o por haberse venido por primera vez a Colombia y confiar en un instrumento que no estaba programado para volar entre tres cordilleras muy cercanas. En Estados Unidos entre una cordillera y otra puede haber mil kilómetros de distancia, pero aquí en Colombia un avión no tiene mucha maniobrabilidad a esa velocidad de 700 Km./h, a la cual si usted se equivoca en uno o dos grados de rumbo, cuando menos piense ya tiene la montaña ahí encima.

Por eso me gusta hablar del instrumento, porque sirve como un juego de comparaciones con el piloto automático, con el computador, etc., y le da al que lee alguna pista acerca de qué estamos buscando, que es averiguar cuál es el verdadero piloto del ser humano y el de una sociedad humana. Todo esto tiene mucho que ver también con Platón, que orientaba en ese sentido la teoría del conocimiento: ¿Cómo es posible que nosotros, siendo los seres que somos, tengamos por dentro otro ser pequeñito...

AS: ... que parece que fuera independiente...

CV: ... y que recuerda al timonel de un barco, que da un golpecito aquí, y el barco da la vuelta, por pesado que sea? ¿Será que todos llevamos adentro ese hombrecito, ese "homúnculo" que timonea nuestras vidas? Esa manera de iniciar la discusión me gusta, y tiene además una gran facilidad de comunicación, sin dar una impresión que lleve a que la gente piense más o menos así: "Éste nos va a salir con una cuestión como sobrenatural, por allá del alma humana, o con alguna teoría esotérica como la de la reencarnación o quién sabe qué". Porque hay mucha sospecha contra estos proyectos y propuestas que vienen de áreas que les dan la apariencia de ser parapsicológicas o algo así, y entonces más bien producen un efecto negativo.

Lo que me parece que habrá que estudiar un poco más es esa relación entre el *algo* o el instrumento personal y el de las colectividades o comunidades; porque no es nada fácil postular un instrumento social, una especie de epistemólogo social que no está en ninguna de las personas, aunque también *las sociedades actúan de tal manera que muchas veces ninguna de las personas individuales sabe muy bien a dónde van,* ni por qué se toman unas decisiones y no otras. Es el caso de la democracia, que con todos sus inconvenientes resulta ser una manera complicada de tratar de llegar a ciertas decisiones colectivas; pero, a pesar de que tiene muchos inconvenientes, como decía Churchill, es lo menos malo que tenemos para tomar decisiones, aun siendo bastante malo.

En seguida vendría el problema de cómo lograr la transformación de ese instrumento, tanto del individual como del colectivo: el problema de cómo mejorarlo. Continuando con la analogía, sería algo así como poner al piloto automático a jugar contra sí mismo para corregir esas programaciones previas; es decir, sería una especie de piloto automático que periódicamente fuera capaz de desconectar y revisar el radar; más aún, que fuera capaz de decir: "Así esté previamente programado, yo desconecto el programa y tomo las riendas del avión, y le aviso a los pilotos que nos tuvimos que salir del programa por esta y esta razón".

AS: Perdón, Padre, creo que hemos llegado a una de las claves del asunto. Aunque esa analogía es muy buena, y sirve para entender el problema, no deja de ser preocupante que utilizar la palabra *instrumento* se pueda convertir en un obstáculo para el lector, llevándolo incluso a pensar que somos mecanicistas, etc.

Esto no ocurrirá si, a través de la encuesta y la posterior retro-alimentación que hemos venido haciendo hasta aquí, el lector por sí mismo se ha podido dar cuenta de que tanto los individuos como las comunidades están regidos por un "instrumento" que los hace actuar como actúan, y que no es otra cosa que el contenido de la conciencia, al menos en el caso del individuo. Acá se puede decir también que la conciencia es ese contenido. Con la colectividad ocurre lo mismo, guardadas las proporciones; pero para no caer en lo que podría parecer una simplificación a ultranza, es muy importante la pregunta que el Padre ha venido haciendo acerca de si eso es todo lo que se quiere decir con el instrumento, o el *algo*, o la estructura mental. Esta pregunta adquiere una gran importancia, ya que pudiera quedar la impresión de que el objetivo de todo este trabajo pareciera ser solamente despojar al ser humano de toda la grandilocuencia de las distintas filosofías y teologías, o de una gran cantidad de posibilidades "teóricas" o "ideales" que algunas veces el mismo ser humano se inventa o se concede, pero que parecieran solamente eso: puras teorías, puros ideales, o en muchos casos, puras utopías. Por eso lo que el Padre está diciendo es muy importante; es verdad que sí somos mecánicos en cierta forma, que sí nos movemos como con piloto automático; pero lo que nos diferencia de la máquina es esa posibilidad de autocorregirnos, esa esperanza de que se dé siquiera la posibilidad de que podamos decir: "Mire, yo puedo reflexionar sobre mí mismo, y posiblemente pueda cambiar", para lo cual un simple instrumento que está preprogramado no da esa posibilidad. No sé si me entiende...

Verdad y control

CV: Sí, ya lo veo, y ahora me parece más valiosa esa discusión. Habrá que estudiar un poco más las relaciones entre verdad y control, ya que eso me parece nuevo en este diálogo, y de mucha importancia para esta investigación. Mirando un poco algunas acepciones del concepto de verdad, podríamos indicar lo siguiente: En nuestra tradición latina, no tanto en la anglosajona, la verdad es más contemplativa, más estática; lo que usted ve como verdadero está muy relacionado con el ver, y no con el hacer; muy relacionado con lo estático, con lo que definitivamente ya es y no va a cambiar. Por esto pretendemos que nuestras verdades son absolutas, intangibles, inmutables, eternas, y por eso la noción nuestra de Dios es la del ser omnipresente, eterno, inmóvil, que no tiene posibilidad de cambio. De otro lado, una concepción más dinámica, más flexible, no necesitaría tanto correctivo como el que requiere la nuestra. Con estas aclaraciones previas podemos volver a las relaciones entre verdad y control.

Tomemos el caso de las personas que quieren producir un cambio en sus vidas. Pensemos en aquéllas que al menos tienen ya la posibilidad de ver la verdad de lo que les conviene. Aquí se puede notar que, de todas maneras, el problema principal está en que, aun a estas personas que logran ver esa verdad, no les basta con verla, ya que aun viéndola claramente se sienten incapaces de tomar la decisión de convertir su visión en hechos, de hacer nada para cambiar la situación presente. Todo el control les falla, así tengan la información suficiente o la conciencia clara de lo que les conviene; esto, por ejemplo, es muy frecuente en todas las adicciones, tanto de los enamorados, como de los alcohólicos, como de los drogadictos. Estas personas no sólo tienen toda la información, sino que además reconocen ellos mismos que la situación que viven es insostenible. Pueden hasta llegar a razonar diciendo: "Yo voy acabar con mi familia, con mi matrimonio, con mi escasa fortuna, con mi salud, etc.". Pero no son capaces de dejar su adicción, ya sea ésta el cigarrillo, el alcohol, o la droga, o lo que sea, porque aunque tienen algún acceso a hablar de su situación, a la teoría sobre la misma, no tienen el control de sus acciones. Sin embargo, ese punto del control puede parecer muy fácil para una persona que por X motivo, no se sabe muy bien si neurológico, ideológico, o genético, o por su educación, o por experiencias previas de la vida, o por haber logrado mantener una cierta salud mental y física muy sana, sí tiene los recursos internos para pasar de la constatación de la verdad...

AS: ... a la acción ...

CV: ... y al control. Una de estas personas ve claramente la verdad de que tiene que ir hacia allá, y tiene la energía para dar el timo-nazo en ese sentido, mientras que la otra va a mover el remo, y no siente fuerza, no se atreve, y mientras está en esta indecisión, ya se estrelló o se fue por la catarata abajo. Es por ese tipo de comportamiento por lo que a los jesuitas nos han tildado mucho en la literatura de voluntaristas, porque debido a la selección que le hacen a uno, al entrenamiento en el noviciado, a los ejercicios espirituales y a todo eso, pues uno está como enseñado a ejercitar el poder de la voluntad y a controlarse, y a tener una capacidad de trabajo casi ascética, y entonces uno, como quien dice, rápidamente extrapola a que todo el mundo puede hacer lo mismo, y cree que si no lo hace, es porque es malo, o torpe, o al menos indolente;

RELATIVIDAD (Litografía 1953). Tomado del libro *Godel, Escher, Bach* de DOUGLAS
R. HOFSTADTER de Tusquets editores. 1995.

es decir, no se le ocurre a uno que haya algo más, ni que sea por enfermedad, ni por debilidad, ni por tradición, ni por familia, ni por cuestiones neurológicas o genéticas, sino que se le ocurre a uno que esa falta de control es por pereza, por desidia, por algunas cosas que con las mismas palabras que se utilizan designan ya una condenación.

AS: El problema que usted señala respecto a una persona que cree saber la verdad de su condición, por ejemplo de alcohólico o drogadicto, pero no es capaz de salir de esa condición, me lleva a preguntarme qué es en ese caso la verdad. Creo que es necesario hacer una precisión en lo que tiene que ver con mi trabajo en relación con el concepto de verdad. Hay demasiados problemas teóricos con este concepto. Debo decir que mi interés en él no tiene mucho que ver con la posibilidad de contribuir a esclarecer el problema de los partidarios de la verdad o de la existencia de la verdad, ni el de los que no creen en su existencia. Trataré de explicitar mi tesis con un ejemplo. Supongamos que yo le digo a usted que yo soy drogadicto. Suponiendo que sí lo fuese, mi verdad me indicaría que debo consumir droga. Aun teniendo en cuenta todas las advertencias acerca de las consecuencias negativas de hacerlo, yo las pongo a consideración de mi instrumento, de *eso* que me mueve a actuar, y éste determina que son mayores los beneficios que obtengo de consumir droga que de no hacerlo. Por tanto lo hago. Entonces, ¿cuál es la verdad?, ¿la de los médicos?, ¿la de mi familia?, ¿la de la sociedad?, ¿la de mi grupo? Para mí, para mi cuerpo, para mi organismo, para mi vida, la verdad es aquélla que me hace actuar como lo hago. De todas formas yo no estoy hablando de las verdades hipotéticas ni de los conocimientos hipotéticos que yo tengo acerca de la realidad, sino de la verdad real y de los conocimientos reales, de aquellos aspectos que conducen mi vida; o sea que cuando yo decido que por estar enviciado voy a consumir droga, ésa es *mi* verdad; no es la verdad que la sociedad propone, no es el ideal que la sociedad propone, que por supuesto para los demás (al menos para aquéllos que no consumen droga) tiene mucho sentido, pero que para mí no tiene sentido.

CV: Veo que usted se va por el lado de la tensión entre lo que uno considera verdadero en teoría y lo que hace en la práctica.

AS: Eso es; y este dilema se presenta en múltiples aspectos de la vida, tanto de la vida de los individuos como de las comunidades. Otro ejemplo: Las sociedades por mucho tiempo han tomado como una de sus verdades fundamentales que la vida es un bien inalienable. Obviamente eso lo dicen en teoría, pero la verdad no es ésa. La sociedad le encuentra una gran cantidad de esguinces a este precepto, el cual termina tan burlado, tan ridiculizado, que la gente acaba haciendo chistes sobre el mismo, como ocurre en nuestro país cuando a alguien se le ocurre proponer la pena de muerte para acabar con la injusticia, la impunidad y los crímenes atroces; ante una propuesta tan descabellada para una situación no menos descabellada, no falta alguna otra persona a la que se le ocurra decir, mitad en broma, mitad en serio, que en nuestro país no se debe implantar la pena de muerte sino quitarla. Todo esto elimina la posibilidad de una convivencia pacífica.

Lo que yo estoy tratando de demostrar es que, en el fondo, todo el mundo discute el problema de la verdad en sentido teórico; pero en nuestro trabajo le propongo que más bien discutamos sobre *la verdad como el motor que hace que cada persona o cada comunidad actúe como lo hace.* Ésta es una verdad dinámica, flexible, cambiante, en la medida que ella misma se modula, modulando a su vez el instrumento que denominamos *estructura mental* (E. M.). La estructura mental es, en última instancia, el instrumento que determina qué es la verdad. Por tanto, la E. M. no sólo nos hace actuar como lo hacemos, sino que a través de este mismo actuar se va consolidando o modificando.

CV: Esa es una propuesta muy dura, especialmente para los que pensamos que la verdad es la adecuación entre la mente y la realidad. ¿Por qué no procura resumirme con otras palabras lo que está pensando?

AS: Simplificando lo que he venido pensando sobre la verdad, me gustaría que consideráramos la verdad como eso que corresponde no sólo a lo que nos hace tomar una decisión en un sentido o en otro, sino lo que nos lleva a ejecutarla. Por ejemplo, si yo voy y me suicido, realmente ésa era mi verdad. Mirando esta situación retrospectivamente, podemos decir que en mí, como ser humano, al ponderar el suicidio había una cierta correspondencia en mi mecanismo, en mi instrumento, en mi E. M., que me indicaba que eso era lo que debía hacer, y podemos también decir que eso era lo verdadero en la medida en que la decisión fue seguida de la acción. Esa sería nuestra aproximación al concepto de verdad. A este tipo de verdad lo podríamos denominar *verdad real* o *verdad práctica.*

A los otros tipos de verdad los hemos denominado *teóricos,* en la medida en que sólo son verdaderos intelectualmente, es decir que no nos impelen a la acción hasta el punto de hacer que ésta suceda. Ya los hemos tratado a nivel individual, y hemos visto que generan muchas interpretaciones, hasta el punto de llevarnos al relativismo a ultranza. En los casos colectivos ocurre algo análogo; por ejemplo, las sociedades suelen enunciar sus verdades sobre lo que quieren ser, sobre la dirección en que desean ir; sin embargo, una cosa son las verdades o los enunciados teóricos, que por su falta de poder para pasar a la acción se quedan en puros ideales y se terminan convirtiendo en utopías, las cuales desde nuestro punto de vista no corresponden a la verdad; y otra cosa es lo que la sociedad como totalidad hace, lo que determina cómo actúa, y ésas son las verdades, los enunciados reales o prácticos (a veces inconscientes) que la conducen realmente a su destino, sea cual fuere.

CV: Todos vivimos esas contradicciones, pero como que no nos atrevemos a ponerlas tan crudamente como las está diciendo.

AS: Es más, Padre, incluso me he puesto a reflexionar sobre las verdades de la sociedad y las de los estudiosos de la misma, que llamaremos las verdades de las ciencias sociales, en contraste con las verdades de las ciencias naturales. En general, he pensado mucho sobre las posturas e interpretaciones más difundidas en relación con el problema de la verdad, y en relación con la forma en que cada una de esas posturas ve las verdades de su contraparte. Así, los estudiosos de las ciencias sociales generalmente suelen decir que las ciencias naturales son aquellas ciencias que son absolutistas, objetivistas, digamos que extremistas en algún sentido, y que las ciencias humanas, por el contrario, son más flexibles, subjetivistas, relativistas, o como su nombre lo indica, mucho más *humanas* por su propia naturaleza y por la índole de sus objetos de estudio. Pero al observar la realidad, al ver cómo proceden y cómo afectan unas y otras a los seres humanos, así como al sopesar las consecuencias que se desprenden de ellas, uno termina pensando si no es al revés: Que son mucho más absolutistas y objetivistas las ciencias humanas y sociales, y con ellas la empresa social en sí, que las ciencias naturales; porque cuando algo se postula en la sociedad como precepto, como verdad para sus miembros, ese carácter de verdad se asume tan absolutamente, que el mismo enunciado de dicha verdad va acompañado de sanciones, las más conocidas de las cuales son las penas de prisión, y en algunos casos y en ciertos países, la pena de muerte por haber infringido una supuesta ley considerada por la sociedad como un absoluto, y no como una construcción humana que al fin y al cabo podría ser falsa. Y esto ocurre en todos los países, lo cual muestra que todas las sociedades se consideran capaces de encontrar verdades por las cuales pueden privar de la libertad a sus miembros, o en casos extremos, hasta quitarles la vida.

En síntesis, me doy cuenta de que en el fondo las verdades no son sino aquéllas que nos hacen actuar como lo hacemos; que las verdades no son los ideales que trazamos; que la verdad real no es eso que parece sugerirnos una especie de ser independiente que aparentemente sentimos adentro, el cual nos dice: "¡No hagas eso!", sino que la verdad real es todo lo contrario cuando lo que realmente uno termina haciendo es todo lo contrario de lo que ese *homúnculo,* ese pequeño ser interior y aparentemente independiente le estaba diciendo a uno que hiciera.

CV: Me parece muy sugerente esa propuesta. Pero el hecho de que ese instrumento interno, la E. M., esté en capacidad de conocer lo que es verdadero, parece en sí circular o tautológico, porque de hecho ese instrumento conocería *su* verdad y la identificaría con *la* verdad, y, por tanto, no habría lugar a preguntarse si está en capacidad de conocer si es verdadera o no; porque si lo que es verdadero en sí es lo que es verdadero para él, entonces desaparecería el problema de la verdad.

AS: Correcto, Padre: Es que los seres humanos y las sociedades somos tautológicos y circulares. Pero eso no implica que desaparezca el problema, sino que, por el contrario, eso apunta a lo que para mí es el verdadero problema de la verdad, el más grave; eso es lo que dificulta el que podamos ver la verdad de los otros, o la verdad que no es obvia para nuestra E. M. Eso es lo que a lo largo de la historia ha hecho tan lento, y en ocasiones tan penoso, nuestro progreso como seres humanos. Recordemos que, aunque cada uno tiene su verdad, y en ese sentido la verdad práctica o real de cada uno es relativa a su propio ser individual, la familia, la sociedad, el Estado, presionan de muchas maneras, e incluso usan toda clase de mecanismos tanto educativos como coercitivos para que los individuos homogenicen sus verdades. Eso también nos lleva a la otra parte del problema de la verdad que usted planteaba, que es saber si realmente existe algo que no dependa solamente del contenido de mi conciencia, o del contenido de la conciencia colectiva, sino que sea así en la realidad; o sea que estaríamos volviendo al problema que ha tenido siempre la filosofía con la relación entre la realidad y la verdad. Tal vez podríamos enfrentar la situación de esta forma: Una cosa es la realidad que para la persona desde su conciencia, desde el contenido de su conciencia, es verdadera, y otra la que para los externos que lo observan desde fuera es la verdadera realidad. Hasta el loco tiene su verdad, la cual obviamente es coherente con el contenido de su conciencia, y es la que lo hace actuar como actúa y lo hace regirse por ese tipo de verdad; el loco no es consciente de lo que para los que lo rodean es lo verdadero; eso no lo perturba, y su manera de actuar antes le refuerza su verdad interna; mientras persista este círculo, no tendrá salida, y se le denominará *loco*. Muy distinto es el caso del drogadicto; el drogadicto mismo, a pesar de que consumir la droga sea su verdad y que esta verdad sea legítima para él, al punto de que lo haga ser drogadicto, tiene una mayor posibilidad de cambiar que la que tiene el loco. Al decir esto, hay que aclarar que no pretendemos juzgarlo, ni decir si eso le conviene o no, puesto que no se trata de que nosotros los externos, los que estamos afuera del problema, le postulemos qué es lo que nosotros creemos que es la verdad que le conviene a él. Si le decimos eso, lo hacemos sentir un doble problema: El problema de ser drogadicto, y el problema de sentirse culpable de ser drogadicto.

CV: Claro, lo hacemos sentir mal con nuestra condenación más o menos velada de lo que él está haciendo.

AS: Me parece que con esa postulación teórica lo único que generamos es más angustia, y quizás eso le disminuye la posibilidad de un cambio, porque él tiene que gastar su energía en dos cosas: Una, en afrontar su realidad, y otra, en afrontar la realidad social, la forma como lo ven, y eso le genera la angustia de sentirse impotente para cambiar en el sentido en que la sociedad quiere que cambie. Entonces, yo pienso que si realmente nosotros aprendemos a ver como verdad *eso que es*, sin esa condenación que surge de visiones absolutistas de *la* verdad, quizá haya mayores posibilidades de cambiar. Se me viene a la mente en este momento la tragedia que vivimos en el país; es decir, nosotros no hacemos sino condenarnos unos a otros, y con esas condenaciones cada vez nos hundimos más, y nos hacemos más difíciles las salidas que podríamos tener.

CV: Sí... Eso es así, y podemos verlo en los titulares de los periódicos todos los días; cada vez nos estamos diciendo: "Somos los más malos, somos los últimos, los peores...".

AS: ... Y nos lo creemos, o terminamos creyéndolo, y actuamos en consecuencia, y con cada nueva acción reforzamos este tipo de verdades y de comportamientos. Parece que actuáramos bajo la sentencia de que "una mentira repetida lo suficiente se puede convertir en verdad". Es ese tipo de verdad el que cuestiono; entonces digo: "Bueno, no se trata de salir a condenar a la gente desde afuera". Porque, al fin y al cabo, lo que yo estoy investigando es lo que ocurre, y lo que yo veo que ocurre es eso: Que las sociedades, la gente, las personas, se rigen por sus verdades; incluso, en casos extremos, un individuo es capaz de acabar con su vida, precisamente porque ese mecanismo de decisión en ocasiones le muestra que el abismo entre lo que otros quieren que sea su vida, y lo que en realidad es, se vuelve tan grande e insalvable, que le hace sentir que su vida no tiene sentido, y desde esa verdad es muy factible que concluya que no tiene otra salida que terminar con su vida. Entonces, como lo decía antes, no se trata de trazar ideales teóricos, considerarlos como absolutos, e impulsar a los individuos y a las comunidades a que vayan tras ellos, sino simplemente se trata de que todos ellos se puedan dar cuenta por sí mismos de cómo operan, de por qué lo hacen así y no de otra manera, de qué es lo que los impulsa a actuar como lo hacen. Se trata de que ellos puedan ver si existen mecanismos de verdad interna que a su vez operan y les controlan sus vidas; en última instancia, la idea es que traten de comprenderse a sí mismos.

Ahora, si uno entrara a las llamadas *patologías* (lo que no es nuestro problema central), por ejemplo a la patología del drogadicto, entonces, si uno ve esto claro, ya puede darse cuenta de que realmente pueden tener lugar muchas carencias en su formación, como lo decía el Padre, ya que si a mí me forman en un sentido de la vida, con una programación X, yo soy capaz de afrontar unas realidades que otro que ha sido formado en una disciplina diferente, o en una carencia de disciplina, pues no podría afrontarlas. El problema que es para mí básico es que la sociedad no puede encontrar, ni va a poder encontrar salida a sus problemas mientras trate de resolverlos a través de escapar de los mismos, tratando de postular ideales utópicos, deber-ser teóricos, y mientras desconozca lo que ella es y lo que son sus individuos. Lo complicado es que esta actitud de mirar hacia ideales utópicos forma parte de sus verdades; quizás ésta sea una de las más arraigadas, y debido a que esa verdad, ese contenido de la conciencia, es la que controla al individuo y a la sociedad, los termina convirtiendo prácticamente en seres o en comunidades automáticas, en el sentido de que siguen marchando como autómatas, pero desafortunadamente sin muchas posibilidades de autocorrección. Si el individuo no se ve como es, si no tiene la capacidad de verse como es, así sea con los defectos que se le vean a la luz de la sociedad, con sus taras, con sus problemas, pues no puede corregirse. ¿Cómo puede curarse un enfermo, o cómo se puede aplicar él mismo las medicinas respectivas si no sabe que está enfermo y si no tiene la intención de curarse?

CV: Ya veo hacia dónde va su idea de la estructura mental en este caso. Pero también veo algunos posibles problemas. Habría que llamar la atención de que no se trata de llegar a una capacidad independiente de los sujetos, que fuera como preexistente a la realidad social o a la individual, y por otro lado, sería necesario hacer aclaraciones sobre los conceptos de verdad y de control. También surgiría la pregunta de si habría criterios válidos para comparar diferentes *algos*, o *esos*, o estructuras mentales EE. MM., porque entonces los relativistas siempre lo acompañarán a usted hasta acá con gran gusto, y en este momento dirán: "Pero bueno, si usted trata de buscar un tipo de criterio de comparación, ya estaría abandonando su propia teoría al estar buscando una verdad supraindividual o suprapersonal para poder comparar las diferentes EE. MM., y decir que hay una más conveniente y una menos conveniente" Ahí sí causa usted un problema filosófico al defender tan brillantemente el relativismo de las verdades indivi duales y sociales, y querer al mismo tiempo tener criterios válidos para hacer comparaciones entre esas verdades relativas. Entre los antropólogos es muy frecuente que acepten el relativismo, y cuando se les pregunta si se pueden hacer comparaciones, dicen que eso es un problema occidental, que es un defecto cultural el comparar unas sociedades con otras; la idea es que, aunque no nos demos cuenta, vamos a acabar diciendo que la etnia que más se parece a la nuestra es la mejor, la más adelantada, la que ha prosperado más, y que la otra es más primitiva, más rudimentaria; todos estos apodos o calificativos ya demuestran que usted, por más antropólogo que sea, si cae en la tentación de buscar crite- rios de comparación, acaba utilizando unos criterios en los que su propia cultura aparezca como superior, y eso es un problema muy delicado.

AS: Ya veo en dónde está el problema, y veo difícil escaparse de esa manera de comparar, en la que la cultura más parecida a la de uno sea la que salga ganando, y la E. M. más parecida a la mía sea la que yo considere más refinada. Pero soy consciente de ese peligro, y por eso hago esfuerzos por no juzgar negativamente a otras personas que tengan EE. MM. diferentes.

Esto también se ve en la encuesta, y es un tema muy arduo de tratar en los seminarios-taller cuando este trabajo se hace presen- cialmente. Sin embargo, se logra ver que a pesar de que somos una especie de máquina que se rige por verdades, como éstas en última instancia dependen tanto de los individuos como de las comunidades, de la construcción no muy consciente que han realizado a lo largo de toda su biografía o historia, todas son re- lativas, incluso las propias. Por tanto, si uno ve claramente esto, no puede caer en la tentación de asumir "sus verdades" como

CASTILLO CELESTIAL (Xilografía 1928). Tomado del libro *Godel, Escher, Bach* de DOUGLAS R. HOFSTADTER de Tusquets editores. 1995.

absolutas, porque éstas pueden ser falsas, como pueden ser falsas las verdades de los demás. Aquí ya no se trata de que ninguno le imponga su verdad al otro, se trata de que busquemos entre todos superar las contradicciones.

Lo real y la realidad

C. V: Otro tema que yo he trabajado es parecido a éste, y está escrito en el documento sobre *La teoría general de procesos y sistemas* del segundo tomo de la misión de Ciencia, Educación y Desarrollo. Tiene que ver con las diferencias entre lo real y las realidades de cada uno; yo digo que esos procesos que ocurren ahí, haya o no haya sujetos para verlos, haya o no haya comunidades que los están sufriendo o que los puedan comprender, de todas maneras ocurren, y esos procesos son los que conforman lo real. A largo plazo, uno en la historia lo ve: Pensemos en la decadencia de un imperio como el romano o el soviético, o tal vez más actual, en una catástrofe ecológica anunciada como es el caso de Indonesia, lo que han producido las quemas con el fenómeno de El Niño. En esos casos uno dice: "Usted puede mirar en los archivos del gobierno, de las entidades descentralizadas, de los institutos de investigación, y encontrará que ahí estaba eso estudiado y analizado". Sin embargo, el que algunos científicos pudieran haber "llegado a esa verdad", por decirlo así, no hizo cambiar nada, y ahora hay 35.000 niños diarios asistiendo a los hospitales con enfermedades pulmonares; ya se está extendiendo esa nube de humo hasta Malasia y Borneo, y el sultán de Brunei, que tiene más plata que cualquier persona del mundo, no puede salir ni a la esquina, ni al parque de su palacio, por todo ese humo. Entonces, ¿dónde está el problema de la distancia entre esos procesos que van ocurriendo, generalmente a un ritmo un poco lento para que nadie se dé cuenta, y las realidades que vive cada persona o cada sociedad? Para eso yo distingo entre *lo real*, que son esos procesos lentos y complicados, y *la realidad*, y digo que la realidad es ya el producto de mi manera de ver la vida, es el producto de mi biografía y de mi enciclopedia mental, y todo eso me hace ver lo real a través de un prisma, de una lente coloreada. Yo creo que ésa es *la* realidad, y resulta que ésa es únicamente *mi* realidad; pero lo real tiene, por lo menos de vez en cuando, como quien dice, cierta "capacidad de pataleo", y si yo asumo que mi realidad es lo mismo que lo real, patalea y me da un golpe que me duele, y eso me anuncia que la cosa no es así. Por ahí veo algunos posibles criterios de comparación entre realidades, por lo menos para ver cuáles están más adecuadas al momento de desarrollo de ese proceso que yo llamo "lo real", pero no es fácil interpretar esas patadas de lo real, ni es seguro que las dé, ni es seguro que me duelan.

AS: Me parece clave esa distinción, porque todos pensamos que lo real y la realidad es lo mismo, y lo más grave es que pensamos también que la realidad y mi realidad es lo mismo. Ahí está el problema de la intolerancia y la intransigencia, por olvidar que todo lo vemos a través de la propia E. M.

CV: También tengo que confesar que algunos han calificado este tipo de reflexión sobre lo real y los procesos como aristotélica o escolástica, como un pensamiento anticuado que trata de volver a la metafísica y a la verdad absoluta. Todas esas corrientes postmodernas, todo este antropologismo, culturalismo, o historicismo, que llaman, están muy en contra de esa búsqueda de criterios, de posibilidades de comparación de dos culturas o de dos realidades. Entonces, en cierto sentido yo les digo a los postmodernos: "Todo eso es muy bonito teóricamente, pero lo condenaría a uno a seguir siempre en lo que está. Total, como decía Leibnitz, si éste es el mejor de los mundos, entonces, ¿por qué nos preocupamos?". Este mundo no puede ser mejor, porque éste es el mejor de todos los mundos posibles; y si nos parece muy malo, entonces es un problema subjetivo nuestro: éste es el mundo que es, y punto. Más aún, diría Leibnitz: "Si usted cree en Dios, y piensa que Dios es bueno, y a la vez piensa que este mundo es malo, tiene que aceptar por lo menos que éste es el menos malo de todos los mundos posibles". Entonces, ¿cuál es el problema? El postmodernismo, como la teoría de la predestinación, lleva a una actitud que uno ve en el budismo, y que es muy extendida en el Oriente. Por esa actitud se explica uno por qué la Madre Teresa tiene que ser occidental y católica para preocuparse por las personas que se están muriendo por ahí en las aceras de Calcuta; a los de Calcuta no les preocupa eso, porque confían en que esos enfermos se reencarnarán; entonces, si sufren un poquito más, al final se saltan unos pasos de la cadena de reencarnaciones y llegan más arriba la próxima vez. ¿Qué diría la persona con este tipo de visiones? Tal vez que la Madre Teresa se gana méritos y santidad, pero que objetivamente no importa que haya o no haya Madres Teresas; lo importante es que ella siga su camino para estar en otra etapa más avanzada de reencarnación, y los otros, que sigan su camino también. Por eso en India es más grave matar una vaca, porque le cortamos su proceso, que dejar morir a una persona en la calle, pues antes, si trato yo de aliviarla, entonces le demoro su proceso. Esa actitud puede llevar a una pasividad, a una especie de conformismo inactivo. Como diría Marx: "La religión es el opio del pueblo", y aquí esta frase se convierte en que el opio del pueblo y de los intelectuales es el postmodernismo, porque los lleva a aceptar que todo es verdadero, que todo es bueno, que cada uno tiene su propia verdad, y que no hay actuaciones buenas ni malas. Si eso es así, entonces, ¿para qué actuamos?

AS: Ahí yo iba a indicar otro punto sobre las observaciones que me acaba de hacer, y es que una cosa es reconocer lo que es, porque como le decía antes, el enfermo no se puede curar si no sabe que está enfermo, y otra cosa es que desde una perspectiva constructivista como la que trabajamos, no se entiende que aquí aparezca un salvador, es decir, que haya un salvador externo; es sólo la misma persona la que puede salvarse si quiere. Tampoco basta que el individuo "conozca la teoría", ya que ésta por sí misma no lo va a salvar; recordemos la alusión que hicimos al caso del drogadicto, y en general a los casos de otras adicciones, vicios, manías, etc., en donde decíamos que, aunque se conozca la teoría, esto no quiere decir que la persona la pueda llevar a la práctica.

Nuevamente, volvemos al problema de la distancia entre "lo que debe ser" y "lo que es", que es un problema muy recurrente en nuestra cultura. Debido a que nos hemos atropellado por espacio de un millón de años, tratando de imponernos unos a otros nuestras formas de ver el mundo, nuestras formas de vida, llega un momento en el que algunas personas se dan cuenta de los daños que se han causado con estas formas de actuar; por ejemplo, en esta época los antropólogos y otras personas, como una reacción contra lo que hemos sufrido a manos de todos los que nos han querido imponer su verdad, postulan que lo correcto es lo contrario: que no hay verdad ni mentira, que todo es válido. Pero eso lo hacen ignorando los hechos, ignorando que, aunque como ideal eso pareciera poder corregir aquellos comportamientos que les parecen repudiables, no por postular lo contrario se van a dejar de hacer esas comparaciones. No quieren ver que, por el contrario, de esos postmodernismos surgen posiciones aparentemente contradictorias, pero que no corresponden sino a las dos caras de la misma moneda. Una es que, debido a lo anterior, las culturas particulares en este momento están tomando mucha fuerza, la gente está arraigándose fuertemente a sus raíces, rescatándolas y exaltándolas, y se clama mucho por el respeto y el fortalecimiento de esas culturas. Sin embargo, paralelamente, y con mayor fuerza, por la tendencia que tenemos a compararnos, y por las telecomunicaciones, esas identidades culturales van desapareciendo, llevándonos aceleradamente a la destrucción de las culturas y de las identidades particulares, a tener una "aldea global", la cual se va formando casi a pasos agigantados, sea por acción de nosotros o por omisión de nosotros (y creo que especialmente por lo segundo) para generar una única cultura global.

CV: No veo muy clara la conexión entre esto de la aldea global y de las relaciones de todos con todos y lo que estábamos discutiendo del relativismo y el postmodernismo.

AS: Todo esto viene al caso, porque nosotros realmente no nos damos cuenta de que lo que somos, lo somos es en esa relación y por esa relación con los otros. Porque estamos inmersos dentro de que lo que yo denomino "una estructura mental colectiva", dentro de la cual se dan efectos no sólo comparativos, sino coercitivos, tratando de homogenizar las EE. MM. tanto individuales como colectivas. Es más, en el ámbito mundial, esos relativismos que quieren proteger todas las culturas locales los va a acabar el proceso de globalización de las aldeas locales en una sola aldea global; más aún, ya los está acabando, y pienso que las culturas locales van a desaparecer como tales, y aunque la construcción de una cultura única sea posiblemente inevitable, lo que me gustaría pensar es que esta construcción se podría dirigir en alguna forma, para que fuese el resultado de un proceso donde los seres humanos dentro de sus colectividades traten de actuar como los anticuerpos en un cuerpo, y decir: "Bueno, podemos autocorregirnos, podemos mirar, podemos actuar como ojos avizores, pero no es que le vamos a imponer la verdad a otro ni lo vamos a obligar a que nos crea". Porque indudablemente ese otro sólo actuará cuando para él sea eso verdad, en el sentido en que yo pienso que algo es verdad para cualquier persona, o sea cuando lo hace efectivamente dirigirse en una dirección o en otra porque ésa es su convicción real. Entonces, nosotros no podemos eludir el problema, como se hace cuando uno se queda simplemente en reconocer que cada cual tiene su verdad y que ésta debe ser respetada, y de ahí salta simple y llanamente a conclusiones como que todo es verdadero, que no hay verdad ni mentira, etc. Porque la dinámica social, la dinámica de interacción entre las personas no funciona así. Por ejemplo, yo veo que los nukak makuk en el Amazonas con los colonos; ellos mismos se comparan con ellos y comparan la clase de vida que tienen ellos con la que tienen los colonos, y prefieren ir a buscar a los colonos para que les ofrezcan Coca-Cola con galletas o si queremos ser más patriotas, para que les ofrezcan Colombiana con galletas, y a través de una pequeña ligazón como ésa, de un sabor como ése, van empeñando su vida. Quizás una mujer nukak makuk termina

45

relacionándose con un colono, y así ella y sus parientes van cambiando y modificando su cultura; eso está ocurriendo. Entonces yo digo: Como de hecho eso se da, como ésa es la realidad, como ésa es la verdad, pues hagamos la reflexión correspondiente a ver si hay algo que nos permita, sin pretender menoscabar ninguna cultura en particular, sin querer imponerle a ninguna cultura en particular lo que surja de este estudio, tratar de comprender si hay algo que pudiéramos aprender todos y comprender todos. En ese sentido yo estaba tratando de decirlo. Aunque cada cultura local tenga su verdad, ¿no habrá nada que todos podamos entender y aceptar como común a todas las culturas y a todas las personas? ¿No habrá manera de que esa tendencia a una sola aldea global nos lleve a tener algo en común que nos ayude a todos a ser más humanos? Es más, creo que es incluso peligroso dejar simplemente que actúen lo que algunos llaman "las fuerzas de la historia", porque claramente la historia nos ha mostrado que, como seres humanos, sólo hemos progresado en lo científico y lo tecnológico, pero que como humanos, seguimos siendo agresivos, violentos, ambiciosos, codiciosos, ansiosos, miedosos, etc. En eso no hemos cambiado. En síntesis, hemos vivido como sin norte, o con la única perspectiva de buscar el placer y evitar el dolor. El problema es que cuando nos abstraemos y nos quedamos inmersos dentro de nuestra propia cultura, cultivándola y defendiéndola de las otras, no estamos viendo la pata del elefante que nos viene a aplastar, no estamos viendo que el mundo se está moviendo en una dirección contraria a la que nosotros lo estamos haciendo.

CV: Sí, pero en gracia de la discusión, digamos por ejemplo algo así como: "¿Qué importa que las fuerzas de la historia se sigan moviendo en ese sentido, si cada uno tiene su verdad y no hay buenos criterios para saber qué es mejor y qué es peor?". Pues sí, aceptemos que eso es doloroso; entonces uno procura que ese dolor se le disminuya a uno y tal vez a sus seres más cercanos; pero como le dicen en ocasiones a uno: "¿Para qué se preocupa usted de la gente de los barrios? Cada uno tiene su problema, su cultura, su vida, y lo que usted haga es muy poco; preocúpese por su propio grupo o por su familia". Así cada uno se va encerrando en una especie de egoísmo, así no sea egoísmo individualista, sino un egoísmo de pequeños grupos y de familias. Claro que le parece a uno que esa actitud de que todo siga su curso está acabando con el mundo. Pero ellos le dicen a uno que eso no está acabando con nada ni construyendo nada, sino que así va siguiendo el proceso de la historia, que es incontrolable, y dicen que no se puede postular una dirección en ese proceso, ni una teleología o finalidad de la historia, que eso es un pensamiento muy primitivo. Entonces, como quien dice, ¿para qué preocuparse porque las cosas cambien? Eso es el resultado lógico de esa reflexión que podríamos llamar subjetivista o relativista: Aceptemos que cada uno tiene su verdad y que cada uno actúa conforme a ella, y si uno se suicida, pues ése es su problema. ¿Cuál es el problema? ¿Por qué la gente se pone molesta con los suicidas? ¿Por qué todas las religiones y los países condenan el suicidio? Dejemos que el que se quiera suicidar, que se suicide. Y así le van diciendo a uno de cada cosa que uno considera importante. ¿Por qué condenan el aborto? ¿Por qué condenan la esclavitud? Hombre, no se preocupe, no juzgue; en ese momento histórico la esclavitud era mejor, y aun en la misma religión católica, por más Jesucristos y San Pablos que hubiera, pues a los cristianos les parecía normal que hubiera esclavos. Para algunos puede ser normal que haya violencia en la familia, o lo que sea, pues estamos en un momento en que la cultura se está relativizando. En lo futuro se escribirá en la historia que en tal momento hubo más o menos violencia, escrito así como de una manera objetiva, y se dirá que la gente sufrió más en unos períodos que en otros. Pues sí, qué le vamos a hacer: estuvieron de malas. A algunos sí les tocan unos períodos más difíciles que otros, pero eso es cuestión de suerte. Por ejemplo, yo he estado en círculos en que hay gente muy ilustrada y aparentemente progresista, y uno empieza a hablar de lo que tienen que sufrir las mujeres en Marruecos, en Irán, o en Irak, y ellos dicen que eso qué importa, que allá es así, y que son las mismas mujeres las que perpetúan esa cultura, porque si ellas no lo hicieran, no se perpetuaría. Ellas son las que les enseñan a los niños a ser hombres machos, y a no dejarse poder de las mujeres ni de otros hombres, y a las niñas a someterse a los hombres. Por tanto, ésa es su verdad y no tenemos por qué juzgarla como mala.

AS: Eso nos vuelve sobre el problema de que los seres humanos y las sociedades somos tautológicos... Cada uno prueba que lo suyo es lo mejor, y no se sale del círculo.

CV: Más aún, hasta algunas mujeres que se dicen a la vez feministas y postmodernas dicen que esas culturas islámicas tienen muchas cosas muy ventajosas sobre la nuestra; por ejemplo, que aunque haya países árabes más pobres que nosotros, no son violentos internamente con sus mujeres y sus hijos; serán violentos con los judíos o con los americanos, pero no hay violencia intrafamiliar. En esas culturas hay un control social muy grande; los emires y los jeques siguen mandando como hace dos mil años sin cuestionamiento ninguno; al contrario, la religión islámica les sirve para mantener al pueblo bien alineado. Entonces, ¿por qué se empeña usted en concientizar a la gente? ¿Para qué les repite que miren y sean conscientes de lo que les está pasando? Eso les causará una angustia y un sufrimiento mayor del que ya tienen. Es muy difícil argumentar contra eso, porque uno puede argumentar a partir de una verdad absoluta, por ejemplo a partir de que uno tenga un concepto de Dios como un ser bueno del que todos venimos, o una verdad sobre la persona humana, sobre la dignidad de la persona y sobre los derechos humanos. Pero entonces ellos le dicen a uno: "¿No ve? Usted está tratando de imponer su verdad, que es tan relativa como la verdad de ellos que dice que la persona no tiene ningún derecho, que ése es un invento relativamente reciente de la gente débil para ver si no le dan tan duro, pero que no tiene ninguna base real". Dicen que no hay ninguna manera de argumentar que esa ideología es mejor o peor que otro tipo de ideología. Hay un libro tremendo que se llama *Ideología y utopía,* escrito por Karl

Mannheim, en donde se muestra que tanto las ideologías conservadoras que rechazan al marxismo y al socialismo como todas las ideologías progresistas, desde el punto de vista de un sociólogo son prácticamente lo mismo; desde el punto de vista filosófico es un ensayo bien hecho, pero eso me hace pensar que, a la hora de la verdad, como que yo he perdido mi tiempo durante sesenta años tratando de que la gente viva mejor, que sea un poco más consciente, que se quiera un poquito más y se respete y no se mate. ¿Sí pierde uno su tiempo diciendo eso y trabajando por eso? Ese es el punto teórico delicado en este tipo de discurso relativista. Y lo grave es que me parece que usted, con su manera de entender la verdad como la verdad de cada uno, está también cayendo en ese mismo relativismo total.

AS: Eso nos vuelve al punto del instrumento, que es muy importante, ya que si ese contenido de la conciencia de uno es algo que pudiéramos llamar "educado", o sea surgido de la educación de cada uno, pues eso nos muestra que todos los enfoques son válidos, ya que son función de la educación, y que precisamente mientras que haya innumerables tipos de formas de educar a las personas, cualquier enfoque es tan válido como el opuesto, lo cual muestra lo relativo de todas las morales, todas las verdades, todas las éticas, a la vez que las hace equiparables: Ninguna sería mejor que la otra; pero eso también las coloca en competencia, y la competencia las destruye a todas, llevando a lo que dice el Padre: Ese relativismo termina por hacer caer a la gente en un nihilismo, a hundirse casi completamente en una angustia, una desesperanza, una pasividad total. Eso es lo que está pasando, pero porque la gente ha caído víctima de su propio invento, cuando no se da cuenta de que lo que lo tiene ahí hundido, y lo que le hace ver eso que él ve, tal como lo que le hace ver a otros todo lo contrario, es algo que le programaron, que le metió alguien ahí en la cabeza; que si yo nací donde los budistas, como dice el Padre, pues qué me importa que se mueran todos; si nací en otro lado, yo soy la Madre Teresa, pues si nací en otra parte y me educaron en otra forma, veo la realidad de una manera diferente, veo mi realidad de acuerdo con la programación que me metieron, y de acuerdo con ella yo actúo; eso es lo que se hace necesario que comprendamos en relación con el instrumento. Es imprescindible que veamos que el instrumento, o el piloto automático, o el homúnculo, tiene como base un *hardware*, que es más o menos similar en todas partes del mundo, porque viene de la genética; pero lo que genera las diferentes variantes es la programación, el *software* que le metieron a uno, y de no comprender esto, incluso aunque uno no caiga en cuenta de la existencia del instrumento, éste no sólo lo hará a uno actuar como lo hace, le generará el tipo de vida que uno tiene y producirá la sociedad en que uno vive, sino que además por aquello de que el instrumento es tautológico, uno sentirá que no hay salida. Este instrumento, el único que uno tiene para guiarse, para conducirse, no le permite ver el problema, y le impide ver dónde está la falla.

CV: Usted dice que ellos sienten que no hay salida; pero en este discurso relativista, ¿qué significa "salida"? Ahí ya pierde sentido la palabra "salida".

AS: Yo creo que no lo pierde. "Tener salida" significa que uno no ve el postmodernismo como el estadio más avanzado que puede alcanzar, y no se queda en el simple asumir que lo único que uno tiene que hacer es preocuparse por uno mismo y por los suyos, y terminar justificando la injusticia, la opresión de unos por otros, etc., todo lo cual termina convirtiéndolo a uno en alguien a quien sólo le importa llevar la mejor parte, o aun cuando sea la menos mala en la jungla social. Porque generalmente desde cualquier ideología que yo lo analice, desde ésta o desde la extrema opuesta, si yo estoy metido aquí, eso me hace actuar como yo lo hago. ¿Cómo obtuve esa conciencia? Pues por una educación: Yo nací aquí o me transportaron aquí y la familia me educó en este entorno, y me puede educar para que yo sea antropófago y me coma al otro, a ese otro que está pensando desde el extremo opuesto que hay que cuidar al ser humano, que hay que respetarlo, incluso a ése que mata, que a ése hay que enseñarle y hay que mostrarle que hay que respetar la vida; entonces, cuando todo se convierte en ideología, la realidad social se convierte en lucha y de ahí el que "es más vivo" (en el concepto nuestro) es el que vence, y eso es lo que está ocurriendo, y todos lo asumimos como lo normal. Yo no me estoy inventando nada, ni estoy saliendo con una nueva ideología; lo único que hago es observar lo que está ocurriendo, y eso es lo que está ocurriendo. ¿Cómo hemos llegado a esto? Pues hoy es así, porque ayer era así, porque hace un millón de años era así; quizás en un momento dado de la historia esa situación tan terrible haya podido tener vigencia, no sé si por razones de super-vivencia de la especie, o por otras cosas; pero en este momento existe la posibilidad de autocorrección.

CV: Autocorrección, ¿en qué sentido? Si nada es malo, no hay por qué corregirlo por unos ni por otros, ni siquiera tiene sentido hablar de autocorregirlo.

El derecho a la vida y a la integridad personal

AS: Yo no lo digo en el sentido que domine esta ideología sobre la otra, ni que nadie vaya a imponer a otro su ideología; pero como estudioso del tema, me pongo a pensar y digo: ¿Qué es lo único que todos nosotros tenemos? ¿Qué es aquello en lo que todos nosotros podríamos estar de acuerdo? En el valor de la existencia, en el respeto a la vida. De ahí para allá, todo es discutible. ¿Qué es aquello que en todas las ideologías se exige respetar? ¿Qué es aquello que cualquier ser humano querría que se le respetara? ¿Qué es lo que yo exigiría que me respetaran y que otra persona exigiría que se le respetara, independientemente de su ideología? Eso es el derecho a la vida, porque de ahí para allá, esa otra persona puede discutir la vigencia del contenido específico de su propia ideología y puede discutir que su contenido sea mejor o peor que el mío, o viceversa, y la discusión es legítima, pero mientras yo no intente usar la fuerza, o usar otro mecanismo coercitivo para que la otra persona o el otro grupo crea lo que yo creo, o al revés. Observemos que todas las personas, todos los seres humanos, tratamos, ya sea con fuerza o con ternura, que el otro crea lo mismo que nosotros creemos; ese parece ser el problema actual de la humanidad: el que cada uno quiere que muchos crean lo que él cree. Pareciera que eso fuera una cosa como connatural a las personas; entonces uno dice: "Bueno, ya hay algo connatural: Lo mismo que esta otra persona, yo también veo tan válida mi verdad, que trato de que se extienda". Lo primero que yo afirmo es que hasta ahí no hay ningún problema; pero lo que yo agrego es que no hay ningún problema mientras yo no violente lo único que la otra persona tiene, que es su vida, y lo único que yo quisiera que me respetaran, que es mi existencia y mi integridad física; mientras que yo no le infrinja al otro ningún daño físico o no atente contra su vida, no hay ningún problema. Como estamos viviendo en una interacción continua, como nuestra vida es relación, realmente, y sin los demás no somos nada, y quizás sin los demás ni siquiera podríamos tener conciencia de la vida y del valor de nuestra vida, entonces, ¿cómo puede uno desde una ideología de ésas buscar la salida? De hecho no la hay; y estoy seguro de que no la hay desde ninguna de las ideologías; entonces precisamente por eso yo digo que sí hay una salida, y que para encontrarla es necesario pararse en un punto más allá de las ideologías, mirar los planetas como Galileo, no desde la Tierra sino desde el Sol, y tratar de mirar qué es lo que tenemos en común. ¿Qué sería lo mínimo para que nuestra existencia no se rigiera por la ley de la jungla, para que no se viera como algo natural, como obvio, el tener que destrozar al otro para que no me destrocen a mí, amparándonos en la necesidad de la supervivencia? Porque aunque sea cierto que sólo tenemos un planeta para vivir, y unos recursos muy limitados para mantenernos, la manera como afrontamos esa realidad que es independiente de mí y del otro, nos puede conducir a convertirnos en una de dos cosas: en depredadores, o en cooperadores. Es decir, si no tenemos sino X comida aquí, y los dos somos los que vivimos en este pequeño planeta, pues reconozcamos que nuestra existencia está condicionada por algo externo, y si usted se come todo, o lo acapara todo, pues me condena a muerte, o viceversa. En ese momento se ve que hay otra verdad condicionada por factores externos objetivos, como es la educación, y ésta es la verdad que manejamos cada uno como individuos y que uno no puede negar que es nuestra verdad, porque controla nuestras vidas, por ejemplo la del drogadicto, la del alcohólico, o la del dictador que cree que por su verdad puede asesinar a los que se le oponen en aras de salvar al pueblo; todos ellos se dan sus razones para justificar sus actos, y dentro de sus EE. MM., que son tautológicas, encuentran razones para justificar hasta las acciones más repudiables para otros, pero para ellos necesarias.

CV: Veo que sí acepta usted un primer tipo de verdad que pudiéramos pensar que es universal y no es relativa, y es que todos somos seres humanos y todos queremos que nos respeten nuestra vida y nuestra integridad física. No sé si otro tipo de verdad que usted acepta como universal es que de ahí en adelante todas las ideologías o teorías o religiones o filosofías son discutibles, aunque cada uno crea que son verdaderas y quiera que todos los demás las compartan, y que tiene todo el derecho de pensar así, mientras no atente contra la vida y la integridad de esos otros seres humanos con los que discute sobre las verdades de cada uno. Esas verdades de cada uno pertenecerían entonces a un tipo inferior de verdad, porque son verdaderas tautológicamente desde la propia E. M., y no hay manera de que otra persona fuera de uno mismo lo saque a uno de su verdad.

AS: Hasta ahí podemos estar de acuerdo. Pero hay otro tipo de verdad que podría incluirnos a todos; el problema de esta verdad es que por su misma naturaleza no es susceptible de ser tratada como las otras, como la del dictador, o la de los Estados o los jefes de Estado en general. Es una verdad que no es para imponerla, como las provenientes de cualquier ideología, sino que simplemente es para mostrarla para que cada uno la vea, la comprenda y actúe en consecuencia. Una verdad que va más allá de la E. M. del que la propone, que no es para que los otros tengan que adherirse a ella, o para que se le haga propaganda con el objeto de aumentar sus adeptos, sino que en última instancia, a ella se llega por un acto de comunión, en el cual cada uno de nosotros vemos al otro sin prejuicios, tratamos de entenderlo como a nosotros nos gustaría ser entendidos; un acto de comunión, en el cual tratamos de comprender que sería muy conveniente para todos los seres humanos, independientemente de sus ideologías, credos, razas, religiones, de su sexo o cualquier otra tendencia, que nos veamos cada uno al otro como un ser humano, y eso ya no es subjetivo. Uno se pregunta: ¿Qué podría cualquier cultura, cualquier civilización pedirle a otra civilización para asegurar una coexistencia armoniosa? ¿Cuáles serían los mínimos que fueran mutuamente exigibles, o sobre qué base mínima podrían coexistir? Porque actualmente no estamos

El darwinismo social: "Lo importante es ser el depredador y no la presa"

CV: Precisamente, lo que muestra toda la evolución es lo que se suele denominar "el darwinismo social", que no es otra cosa que la simple continuación del darwinismo biológico; se trata de que una especie se muere para que la otra sobreviva. Como decían en un programa de la National Geographic: "Lo único importante es ser el depredador y no la presa". Allí se ve que las escenas cotidianas de lo que suele ocurrir en la naturaleza son muchas veces más pavorosas que las mismas películas de terror; todos los animales se están comiendo unos a otros. De esto se extrapola a lo que pasa entre los seres humanos, y es fácil concluir que no somos otra cosa que una especie animal más, y como pasa con todas las especies, en la medida que nosotros matemos pollos, vacas y pescados, pues sobrevivimos; entonces, el hecho de extirpar otras especies o de acabar con otras subespecies de nuestra especie, es un problema

Tomado de DIARIO EL TIEMPO

de quiénes son los más fuertes, los más inteligentes o los más astutos, y ésos son los que ganan y los que deben ganar; los otros estuvieron de malas, pues perdieron.

Entonces no hay ni siquiera respeto hacia la vida del que no sea de sus mismos genes. El libro *El gen egoísta* de Richard Dawkins tiene también ese mensaje subliminal ahí: A la hora de la verdad, su deber es que sus genes se repartan en el *pool* genético, y si para esto tiene que acabar con los otros, pues hay que hacerlo; para que no sean los otros los que ahoguen a los suyos, hay que acabarlos, y si se dejaron acabar, pues estuvieron de malas, y si vinieron y me acabaron a mí, fui yo el que estuve de malas. Por eso viene el problema que se ha visto por ejemplo con la "Ética de mínimos" que propone Adela Cortina, y es que, por un lado, las personas no pueden argumentar en contra de esa ética, porque el solo hecho de argumentar, y de exigir que la otra persona les escuche su argumento, ya es aceptar la "...ética de mínimos" que ella propone; pero por otro lado, lo que hacen es que simplemente no argumentan, sino que actúan, y atropellan al que trata de poner esos argumentos y de hacer esas propuestas éticas, porque con eso está dándole fuerza a los débiles, y le está dando oportunidad a otra gente de ganarme a mí en vez de que yo pueda ganarles a ellos; además les está dando herramientas para convertirlos en depredadores y no en presas; y por eso, cuando uno empieza a argumentar las ventajas que tienen estas posiciones como las que usted proponía con el caso de Galileo, de salirse de su propia E. M., de mirar desde otro nivel, no desde la Tierra sino desde el Sol, debido a que esto contradice esta posición relativista, le dicen a uno simplemente: "Usted siga con su teoría; a la hora de la verdad, si usted tiene vocación de mártir, pues va a quedar crucificado tarde o temprano; bien puede que tenga seguidores, pero ya a usted lo liquidaron". Entonces hay un problema de cuáles serían esos criterios de comparación que se puedan considerar como criterios válidos para comparar diferentes propuestas, y cuáles son los que permiten dilucidar cuál es ese tipo de *algo*, o de E. M., ese tipo de instrumento, ese tipo de programación o de desprogramación que sí sea más conveniente para todos los que están participando en la discusión, que a la vez sea aceptado y cumplido por la gente. Porque cuando uno habla con un grupo, por ejemplo, de personas de una universidad o de un colegio, entonces uno ve que sí hay como unos acuerdos que lo sorprenden a uno, que todo mundo cae en la cuenta de que eso es así, de que eso es el ideal. Pero salen a la calle, y ahí está la pandilla de los que le quieren robar a uno aunque sea el maletín o los tenis o el morral, y entonces ya uno carga cuchillo o llama a los policías porque tienen pistolas, o como hacen en los barrios, contrata gente que elimine a estos maleantes de las pandillas; con toda tranquilidad de conciencia puede que hasta la junta comunal pague detectives para que de incógnitos maten a fulano o a zutano que están asolando la vecindad; y ante esa realidad tan cruel, el estudiante de la universidad o del colegio empieza a pensar: "Quién sabe si sí es cierto lo que yo vi allá como tan claro sobre el respeto a la vida y a la integridad de las otras personas, así como a sus ideas, con las cuales podemos tener todas las diferencias que se quiera con tal de que no pasemos a hacernos un daño físico y a atentar contra la vida por causa de ellas; pues parece que eso tampoco es así, porque los demás no están en ello, y no les importa atentar contra mi vida con tal de quitarme el reloj, o los tenis, o el morral".

AS: Observe, Padre, que ahí es donde entramos al círculo vicioso, porque, a pesar de que veamos "teóricamente" que el respeto a la vida y la integridad del otro y de sí mismo es una condición *sine qua non*, que en adelante denominaremos "principio humano universal de la coexistencia" (PHUC), el cual nos conviene a todos sin excepción, sin embargo esa visión de lo que podríamos mirar como un mínimo para una apropiada coexistencia, que además tiene carácter de validez para toda la humanidad, puede ser cambiada radicalmente por un atraco, o por cualquier eventualidad como las que citaba el Padre. De todo esto se deriva fácilmente que todos vamos cambiando para configurar nuestras mentes en consonancia con las condiciones en las que nos colocan los hechos, y en el caso que mencionaba el Padre, hasta los hechos derivados de las acciones de los delincuentes, quienes a pesar de todo son una minoría, pero que no por esto dejan de terminar por hacernos pensar y reaccionar según su lógica, hasta el punto de llegar a contar con ciudades en las que las residencias están llenas de rejas, que hacen de éstas simplemente prisiones elegantes. En este caso se ve nuevamente la aplicabilidad del concepto de verdad que hemos venido sosteniendo en este trabajo, porque aquí, nuevamente no va a ser verdad lo que pensemos, o lo que postulamos, por ejemplo el respeto a la vida y la integridad de los seres humanos, sino lo que no sólo se enuncia sino que se cumple; y como ya el Padre lo mencionó, las personas que, al verse afectadas en sus intereses, son capaces de mandar matar o hacer daño al otro, en contra no sólo de lo evidente a la luz de la razón y de su misma lógica, sino del PHUC, al no respetarlo, éste no es una verdad para ellos.

En segundo lugar, ésta es lo que podríamos denominar una "lógica adaptativa", a las circunstancias que en este caso son impuestas por la lógica del producto de miles de años de condicionamiento, donde las personas se pliegan a las circunstancias que en este caso son impuestas por la lógica del depredador. Está bien llamar a esta lógica "darwinismo social", pues sigue creyendo en la ley del más fuerte. La mayor fuerza de esta lógica radica en que hemos funcionado así por muchas generaciones, lo cual le da un carácter de verdadera e insalvable, por el modo de ser del sistema tautológico mismo, y porque como sistema es eficaz y creíble, no sólo por su misma dinámica, sino porque cada acción dentro del mismo parece corroborar su vigencia.

Simultáneamente, en contraste, y en reacción a lo nociva que resulta esta lógica del depredador para las comunidades, las sociedades deciden postular los opuestos a la misma como normas de vida para sus miembros, como una lógica distinta en la cual por ende éstos deben ser educados. Sin embargo, mencionaré aquí solamente dos dificultades sobre este tipo de actitud: Una, a la que ya hice alusión cuando tratábamos el problema de la verdad, es que los "deber-ser" no suelen corresponder a los hechos, a las vivencias, sino que suelen ser postulados como casi inalcanzables, al punto de parecer quimeras, que compiten en amplia desventaja con la lógica y el funcionamiento de los sistemas depredatorios. Ése era el caso del ejemplo que el Padre mencionaba. La otra dificultad está en que los principios de los sistemas depredatorios son aprendidos por las nuevas generaciones en la acción, y se retroalimentan a través de la misma, mientras que los principios opuestos, a pesar de ser los elegidos por las sociedades como los mejores, al menos en teoría, por la misma forma en que son postulados, son ense-ñados por enunciación o por repetición de los mismos, sin que el accionar de las sociedades retroalimente su aprendizaje, lo cual es una nueva desventaja para que este tipo de principios arraigue, y un nuevo refuerzo a los sistemas y lógicas depredatorios.

Todo esto está diciendo en el fondo, si uno quiere reducir más el asunto, que el instrumento social, el *algo*, o la E. M. C., no sólo ha sido programado sino permanentemente retroalimentado du-rante todo el proceso evolutivo, reforzando el condicionamiento de que somos depredadores, y en el fondo volvemos a lo que decía el Padre: La gente puede concluir fácilmente que lo que hay que ser es el depredador y no la presa. Aquí tendríamos otro principio de funcionamiento, cuya validez podríamos sugerir que es universal, porque rige en occidente, en oriente, en norte, en sur, en cualquier parte que uno escoja, en cualquier cultura, y no sólo ha regido a lo largo de las historia, sino que sigue rigiendo. Este segundo principio, cuya validez se extiende a todas las culturas, que denominaremos en adelante "principio universal de la depre-dación" (PUD), también nos muestra que sí hay instrumentos que son universales, y que, primero, no los vemos en la mayoría de los casos, porque nuestras E. M. son tautológicas, y segundo, que por esta misma razón se cae fácilmente en la trampa de creer que son connaturales al ser humano, no pudiendo ver que son producto de un condicionamiento. Entonces, todo mundo los asume, y como todos sienten en sí mismos ese instinto animal de conservación que parece que tuvieran muy arraigado dentro de sí mismos, terminan no viendo otra salida que la de conservarse a sí mismos, sin importar qué pase con los demás; y por eso todos piensan que lo otro cultural simplemente son adornos que se le ponen a esa misma ética del depredador; entonces cada uno se mete en esa programación, que además no puede asumir conscientemente, porque no se da cuenta de que no es otra cosa que una programación, y en la mayoría de los casos asume, por ejemplo el musulmán, que fue Alá quien lo programó, y el comunista asume que es el materialismo o el economicismo en sí el que programa todas las acciones en la naturaleza, etc. Pero en el fondo, independientemente de a quién o a qué se responsabilice de ese *algo* que los hace actuar como actúan, todos están convencidos de algo concreto: que eso es lo que les funciona en la vida práctica, que el PUD funciona. Fíjese, Padre, que con esta mecánica se terminan haciendo las explicaciones pertinentes tanto para justificar ser antropófago como para justificar ser altruista. Esto nos vuelve otra vez a dos aspectos que ya habíamos tratado, que por esta vía se llega al postmodernismo, y que esa programación atávica se convierte en el *software* que nos mueve, en el piloto automático que nos guía, pero sin sistema de autocorrección, y entonces no nos estamos diferenciando sustancialmente de las máquinas ni de los animales, a pesar de que hacemos gala de nuestra superioridad.

CV: Estábamos haciendo una especie de ejercicio para ver por dónde se puede golpear eso. Podemos estar de acuerdo nosotros en que hay situaciones mejores que otras y en que si nosotros vamos a regirnos por un darwinismo social absoluto que simplemente trata de buscar el egoísmo genético y el de su misma familia, pues vamos a la situación de volver invivible el mundo. Uno quisiera buscar una salida que pueda ser compartida por todos, sin necesidad de presiones, ni engaños, ni premios extrínsecos al problema mismo, para que se pueda vivir más humanamente; pero cuando se trata de trabajar este problema como un proyecto de investigación, hay que ser muy fino para que no aparezca como que los postulados iniciales de una vez cierran toda posibilidad de la comparación entre unos criterios y otros, y para que nos permitan llegar a formular esa "ética de mínimos", para hablar con Adela Cortina, que uno aspiraría que fuera compartida por todas las personas, porque nadie puede argumentar en contra de ella. ¿Qué razón hay para decir que no hay que respetar la vida? Sin embargo, antes de que usted termine de hablar, ya le sacan el revólver y lo matan, y a esa persona no le pasa nada pues hay una impunidad total, y más aún, le da una sensación de poder, de euforia y de ser el más macho, el más guapo, y el más poderoso; bueno, al menos mientras no haya uno más poderoso que lo mate a él, y aun esa argumentación de que puede haber uno más poderoso que lo mate a él...

AS: ...no lo disuade...

CV: ... sí, ni eso lo disuade, que es lo que se ve en el libro *No nacimos pa' semilla* que editaron la Corporación Región y el Cinep, que le muestra a uno hasta dónde llega ese tipo de "argumentación sicarial", llamémosla así, donde ni siquiera la vida propia importa gran cosa mientras yo pueda tener un par de temporadas de poder, o de gozar del dinero, de la moto y de la admiración de las niñas; entonces eso es ya suficiente para haber vivido unos pocos años, y como "yo no nací para semilla", para qué cuido mi vida, la de mi esposa, de mi hijo, o lo que sea. Ahora, desde el punto de vista racional, llamémoslo así, ahí hay una de las paradojas o de las aporías del entendimiento que Kant señaló; usted postula una razón práctica que guía ciertas actuaciones, y si usted postula algo que es racional y que es universal, eso ya es un postulado para poder deducir de ahí una antropología filosófica, una ética. Espinosa acaba haciendo lo mismo: Propone unos postulados y una sustancia primera más o menos panteísta universal, y de ahí va tratando de deducir teoremas de lo que podría ser una ética al estilo geométrico; entonces, hay que procurar por lo menos que uno no ponga los postulados de tal manera que después ya no pueda sacar las conclusiones. Por otro lado, veo la dificultad de precisar esos criterios de comparación entre estructuras mentales y verdades subjetivas, llamémoslas así, y entre realidades subjetivas, y el tratar de llegar a ver cuál de ellas es más conveniente para todos sin necesidad de proselitismo, para que las personas se conviertan a esa nueva religión, a una especie de religión secularizada. Ahí es donde veo la dificultad teórica y racional de elaborar esa última parte del proyecto; ahora, para la primera parte, yo creo que está todo el material de las encuestas, están las experiencias de los talleres, y está el hecho de que en una argumentación distensionada y tranquila nadie disiente de eso; pues el solo tratar de formular en qué está el acuerdo y en qué está la disensión casi confirma el hecho de que a cada uno lo guía su propia verdad, y que mientras a uno le respeten esa posibilidad de ser distinto y de sentirse como persona humana respetable, así tenga ideas raras, pues ahí no hay nadie que pueda protestar. Lo que no se ve tan claro es de ahí en adelante qué sigue, cómo es posible esa comparación, con qué criterios, cómo se llega a dilucidar lo que es más conveniente o menos conveniente para todos. Se trata de volver como a una especie de lo que nos criticaban mucho a los cristianos que estábamos muy metidos en el trabajo social, que nosotros creíamos mucho en la concientización, en que la gente llegue a una cierta conciencia de lo que está pasando y de sus propios condicionamientos internos, porque así va a actuar diferente, y eso como que estaba mal hecho, que la concientización era un error histórico, una locura, una especie de utopía también irrealizable, aunque no lo creo. Pero hay esa versión y esa crítica, desde la izquierda y desde la derecha, contra la concientización. No sé si lo que usted propone es otra manera diferente de disfrazar la concientización con un vocabulario diferente.

AS: Pero es que vuelve a ser lo mismo que lo que estábamos diciendo, Padre. Cuando hablamos de la concientización, si le entiendo bien, no estamos tratando que el ser humano tome una ideología y ciegamente actúe en consecuencia. No se trata de que, como el *kamikaze*, actúe acorde con su adoctrinamiento, sino simplemente que empiece por irse dando cuenta de que los tipos de acción que solemos realizar son producto de un condicionamiento, que es muy fuerte porque así hemos actuado a lo largo de toda la historia, pero que existe la posibilidad de actuar conscientemente. Que cuando yo lo veo, en el mismo acto de ver, de escuchar, de sentir, de percibir, estoy dándome cuenta de que lo estoy haciendo desde mi condicionamiento. Entonces no estamos diciendo otra cosa que la siguiente, que es muy sencilla: Que la gente aprenda a ver, con todo lo que está implicado en ver; que aprenda a pensar, que aprenda a mirar su realidad más claramente; y si en la praxis la gente se va haciendo más consciente, entonces no se deja engañar como lo está siendo de hecho por tantas teorías, por tantas ideologías, y hasta por las nuevas tendencias que transmiten a través de los medios de comunicación, que le dicen que debe ser esto o aquello.

En la praxis yo contrastaría dos cosas: una es, que a la gente la manipulan y la explotan con el conocimiento de sus condicionamientos; la están manipulando y explotando las ideologías, los medios de comunicación, en ciertas direcciones, perpetuando el darwinismo social. Y lo otro es que en la práctica, cuando nosotros hacemos estos talleres con la gente, el primer problema al que nos enfrentamos, el más difícil, es bajarle la guardia a los condicionamientos, es procurar que no nos lean desde una ideología particular, sino que simplemente escuchen, si se trata de oír; que vean, si se trata de ver. Alguno de los estudiantes que estaba en el taller este semestre me decía: "Pero es que la visión pura no existe, siempre tiene que estar filtrada". Claro, es verdad; además tiene que estar filtrada desde nuestro condicionamiento, desde nuestra E. M., ése es uno de nuestros condicionamientos; pero realmente es verdad en la medida en que sea muy representativa para uno, si uno tiene mucho que perder, si ella le provee suficiente tranquilidad, consuelo, si ve que la vida de uno se puede derrumbar, o uno siente que se le derrumbaría, si por un momento ve de otra forma. Había uno en particular que estaba muy preocupado por el asunto; por el contrario, la gran mayoría, prácticamente todos los demás, decían: "Usted nos puso una bomba, usted nos destruyó todo lo que teníamos...

CV: ... usted nos rompió el filtro...

AS: ... y nos dejó sin piso", y eso les suele causar una gran conmoción a la gran mayoría, a los que se lo toman en serio. Se sienten profundamente impactados, ven que en esto hay elementos que nunca habían visto, que en esa experiencia hay profundidad y grandes posibilidades, no sólo para ellos, sino para la sociedad y para la humanidad, que les deja ideas, y actitudes que trascienden hasta sus otros profesores, etc.; a usted afortunadamente le consta. Después de estos talleres, que son muy cortos, para los cuales hay muy poco tiempo, teniendo en cuenta la magnitud de lo que se pretende, me pongo a pensar, como usted mismo lo ha hecho, en la necesidad de explorar más ampliamente este tipo de trabajo, de dedicarle más tiempo, de hacerle un seguimiento. Porque me preocupa ver las tremendas posibilidades que parece tener, y lo afectados que quedan algunos, pero que también esto los va a hacer sentir más solos, quizás un poco más diferentes, y tal vez sería mejor poder acompañarlos un poco más tiempo para que con estos nuevos elementos vuelvan a la jungla, a un medio adverso, para poder profundizar en sí mismos sin volver a caer en el darwinismo social, en el PUD. Claro que algunos que he visto después un poco más de cerca lo animan a uno a seguir adelante.

"Si mi ideología triunfa, todo cambiará. Si mi E. M. triunfa, tendremos un mundo mejor"

AS: Estoy muy preocupado por la praxis, individual y social; si fuera exclusivamente por la teoría en sí misma, no me interesaría en absoluto, soy sincero en eso, tengo mi sesgo, mi filtro, eso lo confieso de antemano, y quizás ése es mi filtro. Reconociendo ese hecho, he tratado de observar "la realidad", mi realidad, la realidad social, la realidad mundial, tratando de entender por qué si es más lo que compartimos, lo que tenemos en común, lo que nos une, o al menos lo que nos podría unir, operamos en sentido contrario, y pareciéramos estar exaltando lo que nos separa, lo que nos enfrenta, y eso me trae nuevamente a las ideologías, y más específicamente a las EE. MM.

Todas las sociedades, todas las culturas, al interior de ellas y entre ellas, quieren aplicar el darwinismo social, que tiene su causa en el darwinismo ideológico. Todas quieren que prevalezca su E. M. C. (estructura mental colectiva). Cada una dice: "Ojalá que sólo quede la mía". Por eso comienza esta guerra santa famosa, y eso no es solamente hoy, sino que ha sido por toda nuestra historia, y consecuentemente y paralelamente se han generado todos los enfrentamientos, conflictos, guerras, etc. Pero paradójicamente, en lugar de examinar qué nos ha llevado a esta situación, qué ha causado recurrentemente tanto dolor, pena, miseria, etc., todas las sociedades, sin excepción, han clamado y continúan clamando por algo que cambie esa situación, o por lo menos por algo que mejore esa situación. Y todas, por el carácter tautológico de sus E. M. C., concluyen fácilmente que si su ideología triunfara, el mundo sería mejor. Tal vez no lo dicen tan específicamente, porque quizás no son conscientes de que lo están pensando ni de que los demás también lo piensan, y de que hay aquí una contradicción; pero leyendo entre líneas, dicen: "Si nosotros triunfáramos, el dolor, la pena, la angustia, la desesperación, la pobreza y la miseria se acabarían".

CV: (Riéndose). Eso lo dice el Papa cada vez que interviene, y él cree sinceramente en eso.

AS: Y todos creen absolutamente en eso, y si uno los mira desde afuera, se da cuenta que todos estamos diciendo lo mismo. Todos en el mundo estamos diciendo que no queremos que haya pobres; yo no he oído hasta la fecha una persona que diga lo contrario, quizás de pronto es que no me he enfrentado a algunos sujetos muy específicos.

CV: (Riéndose). A los "duros"...

AS: Pero realmente hasta Pablo Escobar, hasta las personas que le parecen a uno más rudas, más sanguinarias si se quiere, como que sienten la necesidad de una ternura, de un reconocimiento del otro, y se vuelven benefactores de los pobres; entonces yo digo, pero si todos queremos lo mismo (lo cual es casi obvio), porque, en teoría al menos, nadie lo niega, entonces ¿por qué no tratar de buscar qué es lo que nos separa, si todos queremos ir para el mismo lugar? Por eso digo que esto es una alienación; esto que estoy sintiendo, es lo que siento cada día, es lo que veo cada vez con mayor claridad a medida que investigo el problema, a medida que profundizo en él, lo que veo cuando ya empiezo a tratar de centrar más este trabajo. Y la primera parte que siempre digo en un diálogo, es: "Bueno, si vamos a hablar los dos (no estoy pensando en este momento en el Padre, sino en cualquier interlocutor), lo primero de que me doy cuenta es que debemos desarmarnos cada uno; si lo quiero escuchar bien a usted, si quiero saber qué es lo que usted me quiere decir, pues no lo podré hacer si traigo mis filtros ideológicos, mis audífonos, mis gafas, y en general mi armadura, pues así sólo voy a oír lo que quiero oír, lo que me conviene, lo que está acorde con mi estructura mental". Normalmente nos pretendemos escuchar y comunicar así, sin desarmarnos, lo cual no sólo imposibilita la comunicación, sino que afecta y hasta destruye las relaciones humanas; adicionalmente, a través de los mensajes que recibimos con estas formas de comunicación, reconstruimos permanentemente nuestras EE. MM., con las consecuencias que ya hemos mencionado. En contraste, somos muy permeables a los mensajes e influencias externas, que creemos funcionales y prácticos, en la medida que son los que realmente operan en la vida cotidiana, y que se plasman dramáticamente en una E. M. como la del sicario, para quien, si el poder es lo que importa, si las niñas son lo que importa, si lo que piensan los demás es lo que importa, si en última instancia el placer es lo que importa, pues entonces, actúan en consecuencia; y aunque aparentemente eso sea muy mal visto, no vemos que el sicario esté cansado de tantas mentiras socialmente aceptables, sólo está tratando de seguir la verdad, su verdad, la que le muestra su E. M., que en el fondo es la de la gran mayoría, que corresponde a unos paradigmas en los cuales todos creemos de una u otra forma, y los cuales solamente reafirman el darwinismo social; ésas son nuestras prioridades reales, lo que sentimos que vale la pena, que eso es lo que nos mueve a todos, que son nuestro Dios real. Después decimos que es que el sicario es absolutista, que eso no tiene nada que ver con nosotros, sin darnos cuenta de que cada uno en su pequeño relativismo se rige por estos mismos absolutos, escoge alguno, o algunos, y empeña toda su vida por ellos. Sintéticamente podríamos decir que da la vida por ellos; desafortunadamente, a veces pareciera que buena parte de las vidas fueran solamente una versión cronológicamente más larga que la del sicario. Vidas entregadas a unos absolutos, que nunca hemos cuestionado suficientemente, porque no hemos examinado suficientemente si vale la pena entregar nuestras vidas por esos absolutos, por eso que nos importa a todos. ¿Cuáles son esos absolutos? El poder de alguna forma, el reconocimiento por parte de los otros, el evitar el dolor y buscar el placer, etc., ésos son como absolutos.

CV: Sí. Ésos sí parecen absolutos, universales.

AS: Casi nadie se salva de ellos, y cada cual escoge cómo interpretarlos, cómo torcerlos, y cómo maltratar a los demás en esa búsqueda desaforada por conquistarlos. Y en ese proceso, como se dice, la barca se nos está hundiendo, porque todos estamos en la misma barca.

CV: Por eso es tan delicado el desarrollo de esa parte de la comparación entre estas distintas verdades, para mostrar qué tienen en común, así lo nieguen. Yo creo que es una cuestión fuerte lo del darwinismo social que cada uno postula para su teoría, para su religión, para su familia, para su comunidad, etc.; siempre está pensando como quien dice: "Aseguremos la supervivencia de lo nuestro, y lo demás, ¡qué se pudra!". ¿No es así? Por eso es tan necesario ir mostrando cuáles son esas comunalidades que hay, e ir aclarando que esas realidades que pretenden ser como tan originales y tan distintas, pues no lo son.

Es como yo digo de los muchachos de los colegios que quieren estar a la última moda, y tratan de vestirse diferente, y se ponen unos tenis estrafalarios, y los pantalones por aquí muy abajo de la cintura, y la camiseta en una forma lo más rara posible; pero llegan al colegio, y todos tienen los mismos tenis, y los mismos pantalones caídos y las mismas camisetas. Porque a la hora de la verdad lo que parece más estrafalario y más original, pues no es original.

AS: Además es una copia de los otros que ya han tratado de ser originales.

CV: Y seguramente que en Estados Unidos ya han pasado de moda ese tipo de atuendos. Así, muchas veces los que se visten más tradicionalmente resultan ser los más originales. Aquí también, en medio de la diversidad y las modas ideológicas, desde el marxismo hasta el postmodernismo, hay cosas como más permanentes; uno las ve en la historia de las cruzadas, o del islam, o del catolicismo, o del protestantismo, o lo que sea, exactamente...

AS: ...idénticas...

CV: ... como lo mismo, ¿no? Ve uno toda la historia del marxismo militante, llamémoslo leninista, estalinista, etc., y la compara con la del neoliberalismo actual, y ve la manera como tratan de descalificar a cualquiera que ponga en duda...

AS: ... sus postulados...

CV: ... sobre el mercado abierto, y la internacionalización, y la competitividad; y resulta ser lo mismo de antes. Esa detección de las comunalidades me parece importantísima para refinarla a través de todo este proyecto. Pero una cosa es la discusión pública a nivel ideológico, que no parece llevar a ninguna parte, pues cada ideología sigue cerrada y tautológica, probándose a sí misma que es verdadera, y otra cosa es el diálogo personal. Ya no a nivel ideológico, sino a nivel personal, veo la importancia de tratar de encontrar esos puntos en los cuales uno ve que sí hay acuerdos, así por otras razones, ya sea ideológicas, o por pena, o por manifestar una especie de rudeza o dureza, uno no los reconozca en público; pero ya en la conversación entre dos o en un pequeño grupo, las personas charlando así desarmadamente, como decíamos, a la hora de la verdad todas conceden que lo otro son poses; negar estos acuerdos es una pose filosófica, llamémosla así, por dárselas de escéptico, por dárselas de cínico; pero a la hora de la verdad todos queremos que no nos vayan a matar, que no nos hagan daño, que nos reconozcan, que nos aprecien, que nos quieran, que nos respeten, que nos pongan cuidado a nuestras bobadas que decimos y, bueno, así podríamos vivir como muy contentos con muy pocas cosas realmente, ¿no?

AS: Sí. Casi nada, lo verdaderamente necesario.

CV: Miraba yo ayer la prensa, y haciendo las cuentas, el señor Bill Gates se está ganando unos cinco millones de dólares diarios sin hacer nada; es decir todo lo que haga adicional, y todo lo que gane, lo que escriba de *software*, o lo que invente, o lo que sea, es más ganancia; pero lo que le dan los réditos de los treinta mil millones de dólares que ya ha acumulado, al medio por ciento mensual, son cinco millones de dólares diarios. Bueno, yo digo, pues ojalá tuviera una esposa que lo quisiera, y tuviera un niño, y un grupo de amigos que no estén allí por adularlo y por gastarse su plata; y ojalá que él se sienta bien, que no lo vayan a matar o a herir, porque lo demás, realmente...

AS: ...¿qué sentido tiene?

CV: Porque (riéndose) con cinco millones de dólares, cualquier persona, un ejecutivo aquí de Colombia que se gane cuatro o cinco millones de pesos mensuales, no se ganará en su vida esos cinco millones de dólares, y este señor en un día mientras come y duerme se está ganando esa plata, ¿no? Entonces uno dice: En realidad lo que uno necesita no es que le estén poniendo todos los días como el nuevo héroe y el nuevo modelo de imitación al señor Bill Gates; lo que uno necesita a la hora de la verdad...

AS: ... son esos mínimos...

CV: ... que el señor Bill Gates como persona aprecia y quiere, los que todos queremos; son esos mínimos que se pueden formular explícitamente; y como quien dice, no pretender que esa comparación de instrumentos, de realidades y de verdades, va a llegar a demostrar que una de ellas es la verdadera, y las demás son filtros, deformaciones, etc., porque entonces sería contradictorio. ¿Cuál es el nivel de metalenguaje que hay que utilizar para no dar la impresión de que uno está utilizando esta investigación para defender uno de los filtros? Eso es lo que es delicado escribir, para que no dé esa impresión al leer lo que uno escriba.

AS: Sí, ésa ha sido la parte más complicada en este intento de tratar de llegar a muchas personas con las cuales no puedo compartir presencialmente. Como usted lo sugirió, el medio más adecuado era el libro, tal vez mediado por un audiovisual; pero, ¿cómo ponerlo en palabras escritas sin que éstas sean interpretadas fuera de contexto, cuando no se puede retroalimentar directamente al lector?

CV: Ese es el problema.

AS: Aunque cada día lo veo más claro; todos los días, en cualquier parte, esté donde esté, lo veo más y más diáfano; la cabeza mía parece que fuera, digamos, como una cascada con las ideas que confirman la teoría de la E. M., y todo eso facilita muchísimo el realizar este trabajo presencial; pero, sin embargo, esto mismo hizo muy difícil ver algo que hoy es evidente para mí, y es que la forma de los diálogos, como lo estamos haciendo ahora, era la más cercana a la presencial.

CV: Cierto.

AS: Ahora, no sé si ya se vaya viendo claro el poder del condicionamiento. Casi la gran mayoría de nuestras formas de ver el mundo, de vernos a nosotros, por no decir todas, son producto del condicionamiento; cualquier ideología es simplemente un condicionamiento, y dentro de este contexto, pues todas son igualmente legítimas; no hay una, ninguna, que sea mejor que la otra. Es como decir que no hay un lenguaje, un idioma, que sea mejor que el otro; simplemente son expresiones que la gente hasta la fecha tiene.

CV: Pero yo sí diría que hay una comparación posible, y es que aunque uno vea que el español y el italiano tienen ciertas ventajas expresivas para la poesía o la canción, o que por otro lado el alemán y el griego tengan ciertas ventajas de construcción, de poseer la manera de pegar raíces complejas para formular ideas abstractas, pues uno también puede decir que el lenguaje de la lógica matemática, su álgebra por decirlo así, permite detectar las estructuras de los demás idiomas, y que el alfabeto fonético internacional ha permitido transliterar sonidos que ni siquiera los oye un occidental, ¿no? De tal manera que uno puede copiar el chino, el danés, el vietnamés, el sueco, o el árabe, con un alfabeto fonético que le permite reconocer a uno por ejemplo diferencias dialectales, y diferencias entre distintos hablantes nativos; entonces sí tiene el alfabeto fonético internacional una ventaja sobre los demás alfabetos. Aquí se trata de mirar que yo no estoy diciendo que este alfabeto es mejor o peor, o más bonito, o más feo que el otro...

AS:... sino más funcional...

CV: ... para lo que queremos. Y además, que existe ese sonido, y este símbolo, que nos permite a nosotros que no somos capaces tal vez de emitir ese sonido, tratar de aprender a pronunciarlo, o tratar de apreciar dialectos, canciones, recitaciones, o poesías, que no pudiéramos leer con el vocabulario en el alfabeto propio de nuestra cultura, pero que sí podemos leer con el alfabeto fonético.

Yo creo que aquí estamos tratando de hacer una especie de juego metalingüístico, una reflexión de un nivel que no trata de competir con otros ni de desvalorizar a los demás, sino de ponerse en un nivel de comunicación y de comparación entre ellos, que le permita a la persona sin necesidad de ninguna otra herramienta adicional, como quien dice, ensayar a hablar esos dialectos, y ver que tienen muchas más cosas en común de las que uno creía; que las vocales como la A y la E existen en todos los idiomas, pero que la B y la P no se distinguen en todos los idiomas, en cambio la A y la E sí; entonces, ¿eso cómo se ve? Pues se ve estudiando una cantidad de idiomas, tomándolos en serio, sin decir que uno es más primitivo que otro, más hermoso que otro, o peor que el otro, pero sí teniendo un alfabeto, un vocabulario, un lenguaje lógico, un discurso que permita precisamente una comparación no agresiva entre verdades y sistemas e ideologias. Yo creo que el marxismo tenía esa pretensión originalmente; eso lo veo yo en Marx por lo menos, y en las críticas más finas a la ideología; pero el marxismo utilizó un lenguaje tan agresivo contra las demás ideologías, y tan poco autocrítico, que no convenció a los que debía haber convencido; o sea, de nuevo convenció a los que ya estaban convencidos de eso; se quedó en la misma circularidad y la misma tautología de todas las EE. MM. Pero entonces no sirvió como mecanismo de comunicación y de superación de las ideologías, como era la idea hegeliana de la síntesis, sino que se convirtió en una ideología más en pugna con las otras. Es lo que decía Karl Mannheim: "La pretensión de crítica de la ideología se puede convertir en otra ideología". Es como la ciencia moderna que descalifica las ideologías y las religiones, y se convierte en otra ideología o en otra religión. Eso es lo que uno tiene que tratar de evitar que le pase con este tipo de discurso, y es muy difícil, demasiado difícil de formular.

AS: Cierto, Padre, pero una pregunta clave es: ¿Vemos claramente nuestra programación? ¿Vemos claramente nuestro condicionamiento? ¿Nos damos cuenta de que nuestras luchas y conflictos no son otra cosa que la lucha porque nuestro condicionamiento, porque nuestra E. M. prevalezca sobre la de los demás? Esto lo pregunto en concordancia con lo que usted acabó de mencionar, y no en función otra vez de que alguna ideología predomine sobre las otras; sino como ser humano que ve los estragos, las catástrofes, las guerras, el dolor, que han causado y que siguen causando las ideologías. Y lo pregunto tratando de ver si es posible terminar con todo ello. Si vemos esto como algo verdadero, en el sentido en que lo hemos venido tratando, es decir algo que nos hace actuar en consecuencia, pues inmediatamente las podremos desechar por perniciosas, porque enfrentan a los seres humanos causándoles dolor y muerte. Entonces en ese sentido es más bien como decir: "¡Desarmémonos de las ideologías!". Y si nos desarmamos, entonces podemos encontrar una nueva dimensión para las relaciones humanas. Pero si estoy armado desde una ideología, como ya lo dijimos, pues indudablemente mi tendencia va a ser que ella prevalezca, y de esa tendencia se seguirán los enfrentamientos, los conflictos, y la violencia sin fin entre los seres humanos. Es más, sin pretender parecer apocalíptico, esta tendencia nos podría conducir a la destrucción del mismo planeta, y aquí la ciencia y la tecnología intervienen en dos formas: Uno, nos han posibilitado con el poder para, si así lo decidimos, destruirnos y destruir todo; y dos, afortunadamente la ciencia y la tecnología nos han mostrado, nos están mostrando cada vez más evidentemente que este planeta nuestro no es más que una pequeña nave espacial que todos tenemos para vivir, y que si todos en nuestros lugares nos creemos con el derecho de infligirle los daños que se nos ocurran, la vamos a acabar. Es lo que mencionábamos por ejemplo con respecto al medio ambiente, que lo que pasa con el aire de aquí no es problema del aire de Colombia, sino que es problema del aire del resto de los países del mundo.

¿Qué somos cada uno como individuos?

Uno es como un juguete
de ideas adquiridas culturalmente

AS: Algunos de los problemas que habíamos abordado en la anterior ocasión fueron los siguientes: *El primero* era: ¿Cómo expresar esta nueva aproximación a los problemas humanos? Digamos que el más grave que entendí que teníamos era cómo expresarlo en palabras de tal forma que no pareciera que estábamos cayendo otra vez en una ideología que criticaba las demás ideologías.

El segundo problema, creo que el más importante según el Padre, era: ¿A partir de aquí, qué seguía?

El tercero no lo veía como un nuevo problema, y por eso no sé si denominarlo tercero, porque está relacionado con el primero, y era más bien como una salida a ese primer problema, y es que estábamos tratando casi literalmente, según el Padre, de realizar un juego metalingüístico que nos permitiera comunicar

Tomado de Diario EL TIEMPO

lo que se ha encontrado de manera que se respetaran los niveles en los que se habla.

Suponiendo que decidimos que este anterior es el tercer problema, yo encontraba también un *cuarto problema,* surgido de la experiencia del programa de especialización en docencia de las ciencias que ofrecemos en la Universidad Javeriana y de la experiencia de la gente que ha pasado por los talleres conmigo. Aceptemos con modestia o sin ella que aquí hay algo que puede ser clave para la vida de cada uno; veo que contribuir a hacerlo vivenciar (en mayor o menor grado) trabajando con un grupo presencial es más fácil que expresarlo en palabras, y aunque expresarlo es muy difícil, si eso se hace oralmente, cara a cara, es menos difícil que expresarlo por escrito. Incluso me preguntaba si era posible llegar a escribir sobre esto sin caer en el primer error de que los que lean el escrito piensen que estoy proponiendo una ideología nueva en competencia con las demás. Porque como no hay espacio para la retroalimentación personal, que es la desventaja de un libro, de una monografía o de un escrito, se tiende *a escribir con una generalidad que no aborda la especificidad de cada uno de los seres humanos que están interactuando.* Si a una persona específica no se la aborda desde su ideología, no se le puede hacer caer vivencialmente en la cuenta de su ideología. Pero, de todas formas, eso es parte de la metalingüística que se podría utilizar y que habría que buscar para lograr esa comunicación, esa comunión de que hablé antes, con una persona que no está presente. Realmente estos problemas se entrecruzan, y podrían quizás reducirse a los

76

dos primeros: Cómo expresar por escrito lo que estamos tratando de decir, y qué sigue después.

CV: Pero el segundo no me queda claro: ¿Qué sigue después? Es que no recuerdo en qué contexto lo dije; puede ser: ¿Qué sigue después, dijéramos, en la práctica? O: ¿Qué sigue después de las primeras experiencias, de vivenciar esta percepción de que algo lo mueve a uno sin darse cuenta, de que uno es como un juguete de ideas adquiridas culturalmente? No recuerdo en qué sentido nos preguntábamos: ¿Qué sigue después?

AS: Sí, a ver, Padre; un dibujo creo que nos ayudará un poquito en este sentido.

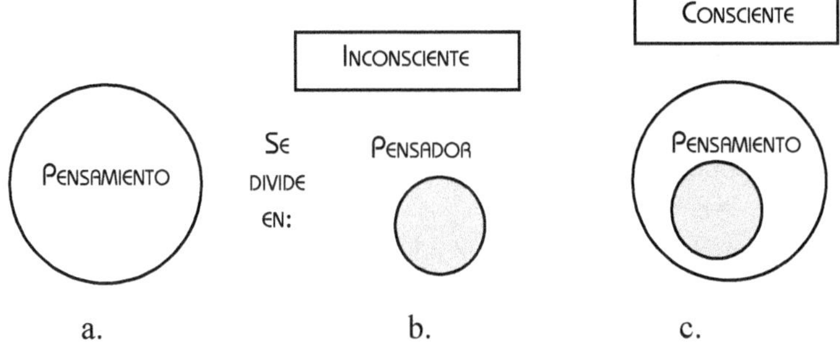

Figura 1. Somos una estructura de pensamiento que se divide.

Queríamos saber qué éramos cada uno de nosotros. Si lo resumimos, somos una estructura mental individual, E. M. I.; somos "Pensamiento", con mayúscula, y esto lo represento por una circunferencia (figura 1.a). Hay algo que juega con nosotros; somos a la vez el algo que juega con nosotros y a la vez el juguete; ¿qué es eso?; pues "Pensamiento"; todo aquello de lo cual nos damos cuenta es "Pensamiento". Ese Pensamiento genera como un centro, separándose a sí mismo en dos partes: "el pensador" (figura 1.b), y "el pensamiento", con minúscula, que es lo que queda de esa separación (figura 1.c), donde representamos lo que queda como la misma figura 1.a, pero con un hueco que quedó de la sustracción del pensador (figura 1.b). Con esto tratamos de representar la forma en que nos solemos sentir muy a menudo, cuando nos sentimos como dos seres en uno mismo. O sea la división que el Padre mencionaba entre uno mismo y el hombrecito u homúnculo que lo gobierna a uno. Es muy importante que nos quede clara esa división, y por eso insisto en ella: Todo es Pensamiento, el centro también es Pensamiento (figura 1.b), pero el Pensamiento genera un centro que pareciera ser esa voz interna que nos dice: "¡Haz esto!" o "¡Haz aquello!". Nos parece que sí se expresa como pensamiento, pero es algo más que el pensamiento: Es ese otro ser que sentimos ahí, ese timonel del que hablábamos anteriormente. Gráficamente, la figura 1.c es la misma figura 1.a, pero con un hueco: el dejado por el timonel (figura 1.b) cuando salió de allí, de tal forma que lo que queda es lo que solemos denominar "el pensamiento" con minúscula (figura 1.c). Así que ese "Pensamiento" original (figura 1.a), se convirtió a sí mismo en dos nuevas entidades: el pensador (el centro, en la figura 1.b) y el pensamiento (lo que queda de esta separación: figura 1.c).

Debe quedar claro que el jugador es el pensador: el timonel, y que el juguete es lo demás: el pensamiento restante; de aquí en adelante se da lo que ya todos conocemos: el pensador tratando de controlar al pensamiento; entonces se genera la dualidad y con ella el conflicto (figura 2). Esta separación no es real, ya que todo es Pensamiento, pero ya la hemos generado, y para nosotros lo normal es su existencia.

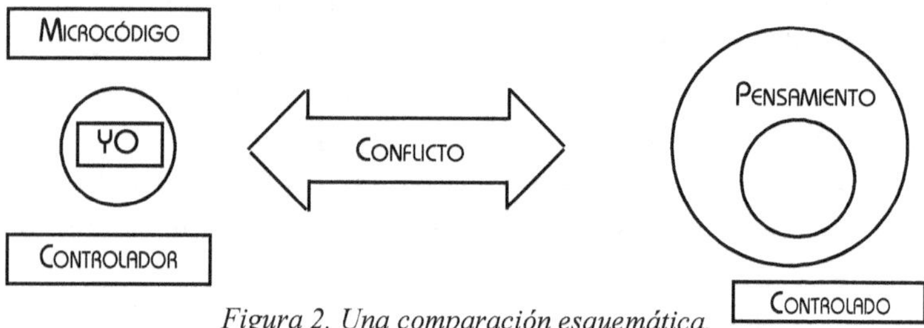

Figura 2. Una comparación esquemática.

78

Entonces ya sabemos qué somos nosotros; pero el problema es si lo sabemos intelectualmente o si lo sabemos vivencialmente. Porque ahí ya veo el peligro de escribirlo o de dibujarlo, y de que esto se convierta en una ideología más, y es que no basta saberlo intelectualmente; si nosotros no lo vivenciamos, pues se queda en algo intelectual, en algo teórico, o sea como en algo que sacamos para contraponernos al resto de ideologías; y por bueno que esto sea o pueda ser, no quisiera que pasara con esto lo que ha pasado con tantas nuevas posibilidades que se han gestado a lo largo de la historia, que creo que por no haberse vivenciado, no han tenido el efecto buscado por quienes las crearon. Yo me preguntaba por ejemplo: ¿Qué pasó con el cristianismo? Me trataba de hacer esa reflexión; por ejemplo, en el cristianismo, ¿Cristo qué pretendía? Pues una cosa muy obvia para todos, es decir, yo no sé si lo interpreto mal a usted, Padre, o si interpreto mal los evangelios; pero lo que está consignado en los mandamientos es demasiado obvio a la luz de esos mínimos de los que hablábamos la vez pasada; es decir, todo se sintetiza en la regla de oro: "No hagas a otro lo que no quieras que te hagan a ti". La resumo en esa forma para que suene un poco aristotélica. Realmente no estamos diciendo otra vez nada tan novedoso, en el sentido de decir, bueno, guardando las proporciones: Aristóteles, Cristo, Buda, los diferentes profetas han dicho la esencia de lo que nosotros estamos diciendo ahora. Pero, ¿por qué esa esencia no toma cuerpo, no toma vida? Básicamente, porque todo el mundo la asume como una ideología, como algo intelectual y teórico, incluso los que la promueven, los que la cultivan, incluso los que...

CV: ... la propagan...

AS: ... incluso los que la propagan, exactamente; quizás muchos de ellos son los primeros que la toman como una ideología, porque generan una jerarquía alrededor de ella, generan una estructura de poder alrededor de ella, y entonces...

CV: ... ya hay intereses creados...

AS: ... claro, hay intereses creados, y otra vez se cae en una ideología más que entra en competencia con las otras, y entonces, a la luz de las ideologías, ésta resulta ser tan buena como la otra que también dice lo mismo pero con otras palabras, con otros profetas, con otras especificaciones y con otros matices culturales, ¿no? Que en el cristianismo hay que tener monogamia; que en el islam se puede tener tres, siete, o diez mujeres, bueno, entonces no hay problema, todo se vuelve trivial.

Yo me hacía la reflexión: ¿Qué es lo que está pasando realmente? Y yo me acertaba a responder que el problema en el fondo era (y esto incluso me hacía volver a temer escribir) que si esto no se podía comunicar adecuadamente, si no se podía lograr que las personas lo vivenciaran, si no era algo vivo, algo de lo cual la gente diera testimonio cada día con su vida, sino algo teórico, intelectual, podría terminar, por más que lo escribiéramos en un metalenguaje muy interesante, en ser apenas otra ideología.

CV: Pero ése es el tercer problema, y el mismo cuarto, que en cierto sentido los resumimos en el primero, pero no es aquél que usted ponía como segundo: ¿Qué pasa después? Es que no entendí bien el segundo problema.

AS: El segundo problema era: ¿Qué sigue?, ¿qué pasa después? Yo creo que el Padre al final lo resolvió; porque el Padre me decía: "Usted ha encontrado que somos controlados, que somos una máquina, por decirlo así; que tenemos un piloto automático, y que idealmente deberíamos tener la retroalimentación apropiada, la capacidad de autocorrección, pero que desafortunadamente no la tenemos". Una vez que uno ha caído en la cuenta de eso vivencialmente, no sólo teóricamente, ya no importa tanto qué pase después. Uno mismo sigue viviendo su vida, sigue consciente de que su E. M. es la que lo hace hacer lo que hace, y no le da más importancia a eso; no va a forzar a nadie a que crea lo que uno cree; no va a matar a nadie ni se va a hacer matar por una ideología. Así de simple. Uno exige únicamente los mínimos de que hablábamos: Que le respeten a uno la vida y la integridad física, y que lo escuchen con atención y con respeto; y uno le concede esos mínimos a los demás. Eso basta; no importa tanto lo que va a pasar después.

En cuanto al otro problema: ¿Cómo expresar esto para que la gente lo vea?, me decía el Padre, si lo entendí bien: "¿Cómo podemos decirle a otro que esto no es una ideología como tantas otras?". Ése es el problema principal, que se puede también poner de otra manera: "¿Cómo podemos decírselo para que lo sienta vivencialmente, no sólo teóricamente?". El Padre me ponía una dificultad adicional: "¿Cómo decirle a otro que esto sí es válido si todo es válido?". Como yo decía que en principio todo es igualmente válido, ...

CV: ...Sí, luego cualquier cosa que usted le diga a otro, el otro le puede contestar que lo contrario es igualmente válido...

AS: ... porque no podemos decir que somos mejores que los otros, ni que nuestra verdad sea mejor que la de ellos; entonces la filosofía sicarial, o la filosofía de cualquiera es legítima, todo es legítimo, no hay nada bueno ni malo..., ya veo. Incluso el Padre se puso como ejemplo para mostrar lo complejo, y quizás lo dramático (para mí) de este tipo de postmodernismo al que nos estamos viendo abocados; no sé si lo entendí bien, pero recuerdo que el Padre decía: "Bueno, por eso me dicen a mí que he perdido sesenta años de mi vida tratando de que la gente de los barrios viva mejor, que lo que he tratado es de ser mártir, porque todo el que se mete a redentor sale crucificado". Los postmodernos le dicen a usted que quizás la suya sea una posición muy interesante, pero que al fin y al cabo va a fracasar; que por qué no piensa más bien en tener una vida mejor usted mismo, su grupo o su familia, y no en que la gente pobre viva mejor; porque en última instancia eso

de "mejor" debe estar entre comillas, porque lo que usted le dice
a la gente de otra cultura que es mejor, puede ser...

CV: ... tal vez peor para ellos...

AS: ... o al menos es otra vez lo mismo dicho de otra manera.

CV: Pero usted mismo me está diciendo que cualquier cosa que
yo les diga a las personas que tengan ideologías o culturas diferentes puede ser otra vez un engaño igual o peor que el que están
viviendo. No veo entonces cómo puede usted querer expresarles
o otros algo nuevo que usted ha vivenciado. Se está cerrando la
puerta con lo que usted mismo dice...

AS: Es decir, que todos los "deber-ser" que se propongan como
mejores son engaños en el fondo, porque precisamente, como todos son verdaderos, no tenemos cómo decir cuál es el verdadero,
y como todos se contradicen, puede que ninguno sea verdadero.
Ya entiendo. No sé si ahí sí me fui un poco lejos. Volvamos un
poco atrás a ver qué sacamos en claro. Resumiendo lo que yo he
dicho hasta ahora se puede ilustrar en la figura 3 que se explica
a continuación. Si somos controlados por una E. M. individual o
E. M. I., la cual produce la verdad de cada uno y le determina a
cada uno el sentido de su vida, habrá tantos significados diferentes de lo que debe ser la vida como verdades existan; y en última
instancia, habrá tantas verdades como EE. MM. individuales;
éstas son en última instancia las que producen las verdades de
cada individuo, las que dicen lo que es mejor para cada individuo,
y las que determinan lo que cada individuo cree que debe ser su
vida y la manera como actúa. En eso sigo firme.

Si yo siquiera comprendiera vivencialmente lo anterior, no podría
arriesgarme a decir que mi vida o mi verdad sea fundadamente
la mejor; sin embargo, todos nos arriesgamos a hacerlo todos los
días, no sólo en contra de los demás, sino en contra de nosotros

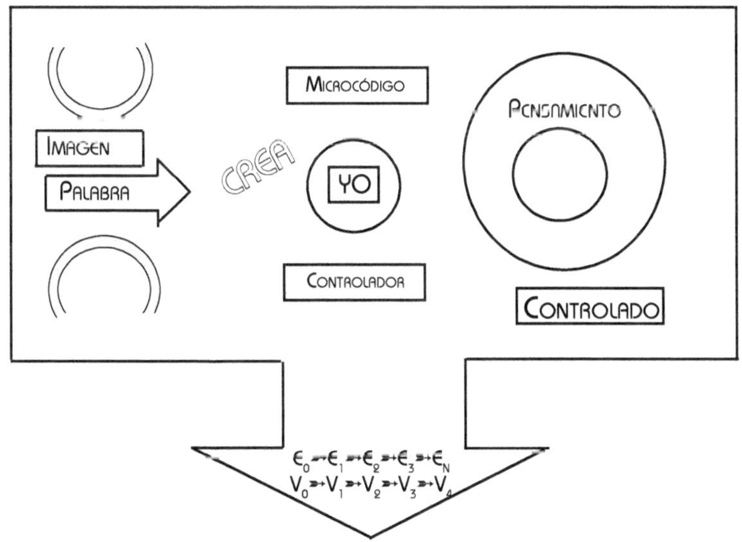

Figura 3. Sistema tautológico.

mismos, en contra incluso de nuestras vidas; por ejemplo, en el caso del sicario, quien, como decíamos, en aras de su ideología, de su tautología, entrega su vida por dos semanas de placer. Según su E. M. I., desde que viva bien (según él) una temporada, con tal de que la pase bien unos días, que pueda gozar, y en última instancia "obtener" lo que él (lo que su E. M. I.) busca, todo está bien. O sea que uno busca obtener siempre lo que piensa, y lo que uno piensa es producto de su E. M. I. Lo que uno más quiere, lo que más desea, lo que más le gusta, aquello por lo que uno es capaz de entregar su vida (y todos la entregamos de una u otra forma, unos al contado y otros por cuotas), lo determina su E. M. I. Como se dice, "la misión", "la vocación" de uno mismo está predeterminada por ese control, por esa E. M. I.

CV: Y ahora tampoco eso garantiza que lo que uno más desea lo vaya a lograr, porque cuando uno cree haberlo logrado, lo que está es casi que admitiendo que lo mejor es lo que ya se había propuesto como mejor. Pero al de afuera le parece que perdió su vida, y a uno que mira por dentro de sí mismo, le parece que uno sólo sacó una conclusión de unos postulados que ya estaban ahí en su E. M. I.

AS: Eso es una tautología, como lo dice el Padre; es decir, este proceder es circular, es tautológico. Cualquier esquema ideológico que alguien tenga es tautológico; todos son tautológicos, porque todos le dicen a él que lo que es correcto es lo que a él le gusta, y viceversa; todos le filtran su realidad. El papel de filtro que decíamos que representaba la estructura mental va en ese sentido. ¿Cómo escojo lo que me conviene? Lo que me permite escoger es lo que ya tengo, y ése es un filtro para rechazar lo que no sea afín con eso que ya tengo, y para aceptar lo que puede pasar por ese filtro; entonces, normalmente terminamos teledirigidos por algo que realmente no sabemos qué es, y que tratamos de explicar de múltiples formas (incluso esotéricas), algo a lo que le damos sentido por medio de nuestra E. M. I. (sin saber que ella existe). No nos hemos dado cuenta normalmente de lo que es posible darse cuenta respondiendo la encuesta del comienzo, y es que todo eso es "educado", que todo eso es producto de nuestra educación, ya sea familiar, escolar, extraescolar, etc.; que todo eso es producto de una programación. Es como cuando escogemos un *hardware* (una persona) y le ponemos un *software*, y así, al ponérselo, esa persona hace esto o aquello: es un procesador de palabra, o es una hoja de cálculo, o cualquier cosa para la cual se haya programado. En este momento se puede ver claramente el papel de la encuesta con su respectiva retroalimentación, cuando se hace presencialmente, y ahí nuevamente entra la pregunta de si lo estaremos logrando a través de este escrito, o si cuando uno lee las cosas sin la comunión personal, sin la presencia física cara a cara, todo esto se tiene que quedar en algo teórico, en otra ideología, y esta pregunta será recurrente.

CV: Eso del *hardware* y el *software* es una buena comparación, y hay que anotarla para que no se nos pierda. Pero le podemos poner un poco de refinamiento.

El *hardware* que compramos tiene muchas piezas, la más importante de las cuales es el *chip*. Pero el *chip* propiamente no lo programa el *software*, sino el microcódigo (figura 2) que tiene por dentro, el cual no es accesible por el *software*. Y en lo que más gastan los dueños de las empresas que fabrican computadores es en la microprogramación del *chip* por medio del microcódigo, que es la que permite precisamente el máximo aprovechamiento del *hardware* por parte del *software*.

Volviendo a la comparación, se podría ver que aun el *software* parece ser más bien como la educación, las cosas conscientes que le enseñaron a uno y que uno sabe; pero como uno no es consciente de que el micrócodigo ya estaba allá, entonces uno se hace la ilusión de que *uno* está procediendo racionalmente, que está tomando decisiones equilibradas, o decisiones por lo menos coherentes con su jerarquía de valores, pero entonces *no puede poner en cuestión la jerarquía de valores, porque es inaccesible a la conciencia.*

Ahora, ésa es precisamente una comparación que yo utilizo para la manera de proceder del psicoanálisis. Cuando según el psicoanálisis se trata de explicar qué es el inconsciente, aparece a veces como una cosa muy misteriosa, como una alma por allá independiente de uno, y se podría perfectamente asimilar a esto de que estamos hablando, al microcódigo o a la E. M. I. Pero precisamente eso mismo es lo que crea también un problema para los intentos de influir en las estructuras mentales, y es que esa pretensión supone, como quien dice, la *accesibilidad* del microcódigo; y eso es lo que Freud y los psiquiatras actuales ponen en cuestión para los psicóticos. Precisamente la definición de psicótico es la de aquel paciente al que el tratamiento, llamémoslo "verbal", típico del psicoanalista, no le aprovecha gran cosa, porque los niveles de su preprogramación (diríamos de la ubicación de su microcódigo) son tan inaccesibles a estos códigos verbales (diríamos que al *software*) que perdemos el tiempo hablándole y explicándole sus sueños y tratando de que recuerde su infancia y todo lo demás que puede hacer un psiquiatra. Eso más profundo es como inaccesible; lo mismo pasa con la explicación de la drogadicción. Llega un momento en que la persona a través de ejercicios, llamémoslos de reflexión, de conversación, de pensamiento, de oración, de autosugestión, etc., ya no puede cambiar ese núcleo profundo que lo hace actuar como actúa. *Esa estructura mental ya como que se inmuniza de alguna manera, como que el microcódigo no deja que usted se le meta allá.* Por más que usted sepa de computación, a través del *software* usual no puede entrar hasta el microcódigo del *chip*. Tendría que sacar el *chip* y montarlo en otro aparato que permita modificar el microcódigo, y así sí puede empezar a operar sobre él. Pero a las personas no se les puede sacar el *chip*, por lo menos hasta ahora...

AS: Hay que trabajar sólo con la palabra. Sería algo así como que realmente *lo que modula todo es la palabra*, llamémoslo así, y la palabra en un *chip* usual, como en el caso del *software* normal de computador, puede ser "borrable"; en cambio, en el psicótico o en el drogadicto, esa palabra tuvo tanto refuerzo que llega a hacerse prácticamente indeleble. Se vuelve microcódigo inaccesible.

Luego resulta curioso y casi maravilloso *el poder de la palabra, que nos posibilita que a través de ella se pueda realizar la programación,* y que la "programación legítima", si se puede llamar legítima o normal, se podrá llamar normal en tanto la palabra sea borrable, sea modulable o modificable de acuerdo con las exigencias del medio; digámoslo en el lenguaje de los computadores: La programación será normal mientras la palabra sea actualizable como *software* normal; pero cuando por ejemplo esa palabra entra a ser indeleble, o a tener características de indeleble, yo ya estoy pensando en otra cosa: estoy pensando en el psicótico, en el drogadicto, en el sicario, en el suicida; estoy pensando por ejemplo en el *kamikaze*, por decir alguna cosa, o en esas personas en las que ya esa palabra tomó una fuerza tal, que hace que todo el sistema, todo el organismo esté dispuesto a perderse por ella, por lo que ella representa como programación.

CV: Ahí tenemos un problema serio: El poder de la palabra es ciertamente maravilloso, pero llega un momento en el que la E. M. I. como que se inmuniza contra la palabra. No se deja tocar ni cuestionar por las palabras de nadie, ni siquiera cara a cara; menos se va a dejar tocar por palabras escritas.

AS: Ése es un problema muy serio que no ha permitido cambiar a la humanidad y es el que estamos tratando de resolver. Por eso es que insistimos tanto que no es el agente externo el que nos va a cambiar, así sea este Buda, Cristo, etc. Sino nuestra vivencia de la realidad, el poder ver "lo que es", y no tratar de cambiarlo, a través de la disciplina, para convertirlo en lo que "debería ser".

LA DISCIPLINA

AS: De otro lado, tenemos el problema de la disciplina, de la ascética; la vez pasada me quedó sonando todo lo relacionado con ella. Me quedé pensando hasta qué punto es deseable tener esa autodisciplina, y cuándo ella se convierte en fanatismo, como en el caso de aquellas personas que están dispuestas a perderse ellas mismas, a perder sus vidas en aras de sus ideales.

Uno piensa hasta dónde puede uno moverse en el condicionamiento de una persona en el "buen sentido"; y entiendo por "buen sentido", como el Padre lo decía la vez pasada, ese sentido de autocontrol que posibilita a la persona para que pueda modularse a sí misma, moderarse, no caer víctima de las sensaciones inmediatas, o como a veces decimos, "de las tentaciones"; no caer víctima de los estímulos externos, sean cuales fueren.

CV: Ni de emociones internas temporales: como la ira, el enamoramiento a primera vista, los impulsos espontáneos que lo lanzan a uno en una u otra dirección.

AS: Exactamente. Eso a primera vista parece muy bueno, y a uno le gustaría que lo condicionaran en ese buen sentido. Pero a la mayoría no los condicionan para eso, y no por eso podemos decir que son malos.

CV: Uno sabe que a la larga le conviene poder frenar ese tipo de impulsos; pero a muchas personas, tal vez porque durante su educación no tuvieron ese tipo de vivencias, pues les queda imposible contenerse, y si se enojan, rompen las cosas y tiran todo lo que encuentran, y después tratan de pedir perdón; pero ya le rompieron la cabeza al niño, a la esposa, o al que se atravesó. Después de ojo sacado ya no vale Santa Lucía. Asimismo pasa con el adulto que se enamora de una niña más joven que su mujer, y entonces abandona a la esposa, a los niños, el hogar, y si pasa la pasión y la niña joven lo deja, después resulta doble ruina, porque ni lo uno, ni lo otro; entonces uno tiene que darse cuenta de que hay una experiencia acumulada de la humanidad que dice: "Aunque puede que a alguna persona le haya resultado muy bien haberse ido con la primera pareja de la que se enamoró, o haberse enojado violentamente y haber logrado matar primero al que lo iba a matar a él, como hablábamos en el caso de la presa y el depredador, la humanidad ha encontrado que a la larga el autocontrol es más saludable, más conveniente, tanto personal como socialmente". Entonces viene el asunto de la disciplina, que se vuelve después autodisciplina, que puede llegar aun a extremos, dijéramos masoquistas; pero por el hecho de que en ocasiones pueda llegar a esos extremos negativos, no quiere decir que...

AS: ...todo autocontrol sea malo...

CV: ... ni que de suyo sea negativa o antinatural la autodisciplina.

AS: Además, la disciplina es una necesidad, porque como el ser humano es un ser gregario y vive en comunidad, pues dentro de esa comunidad, gústele o no le guste, le toca aceptar unos parámetros mínimos que otros le imponen, o le toca imponérselos él a los otros. No tiene sino esas dos opciones; es él el que los impone, y en ese caso puede hacer regir los suyos, o es de aquéllos que como parte del grupo...

CV: ...cede y se somete a los parámetros de los otros.

AS: Lo usual es que uno acepta los parámetros impuestos por otros, y entonces cede y se somete. Y para eso necesita autodisciplina. Yo reconozco eso, y veo que el que la tenga tiene unas ciertas ventajas; pero me queda la inquietud de que muchos de los que la tienen se suelen volver orgullosos, o fanáticos, o despreciar a los que no la tienen. La autodisciplina se puede volver también ideología.

CV: Bueno, pero, ¿esta discusión a dónde iba? Nos perdimos de la lista de problemas que pusimos al principio, y empezamos con otro nuevo, el de la autodisciplina. Claro que están conectados, pues llegamos a que hasta la E. M. I. de una persona muy disciplinada, pero que no es consciente de qué es lo que la mueve, acaba volviéndose una ideología más. Pero estábamos mirando el problema de la relativa independencia que toma ese núcleo interno, la E. M. I., que originalmente es tal vez creada por la palabra; pero llega un momento en que esa palabra que nos dirige se "encapsula", digámoslo así, ¿no? Al encapsularse esa palabra, y ése es mi problema, se hace inaccesible a otros tratamientos por la palabra: por talleres, por encuestas, por el psicoanálisis y todo eso. Entonces viene el problema de que aunque yo crea haber caído en la cuenta, en esa vivencia inicial, de que ahí hay *algo*, de que ahí está *eso*, de que es este pensamiento autosustentante allá adentro el que me está mandando, cuando yo trato de cambiarlo, ya está encapsulado de tal manera que no lo puedo cambiar. Puede estar encapsulado ideológicamente, pero también puede estar encapsulado, digámoslo así, neurológicamente, como le pasa al alcohólico por ejemplo; y esto lo muestra muy bien toda la literatura de los Alcohólicos Anónimos, donde se suele ver que el alcohólico tiene durante mucho tiempo, tal vez años, y en ocasiones muchos años, esa sensación de impotencia total. Es muy común el caso del alcohólico que cae en la cuenta de todo lo que le pasa, que es perfectamente consciente de que está acabando con su hogar, con su fortuna, con su salud; pero en la próxima ocasión que tenga, pues vuelve a tomar. Los más veteranos en los grupos lo saben muy bien, y como quien dice, en cierto sentido esperan a que la persona llegue a tal grado de degradación y a que esté sumida en una tragedia tan tremenda, que caiga en la cuenta de que ni la familia ni los amigos lo pueden sacar de ahí, pero por otro lado que él solo tampoco puede salir de ahí, y que necesita, como ellos dicen, "la ayuda de una fuerza superior". Además, ellos tratan de manejar muy bien ese problema ideológico, de tal manera que no les repugna una persona que diga que es atea, musulmana, budista, cristiana, etc., y ¡lo han logrado! Yo creo que es una cuestión que hay que mirar muy bien, y que es muy llamativo el efecto tan positivo que tienen las asociaciones de Alcohólicos Anónimos en casos desesperados de alcoholismo, en donde todo el mundo ha fracasado: los médicos, los psiquiatras, los padres, la familia, los amigos, los superiores, los religiosos, todos han fracasado. Y el tipo va a un grupo de esos, y de pronto se pasa cinco, diez o veinte años sin tomarse un trago. Entonces, en ese sentido, digo yo, es donde hay esperanza de que esa E. M. I. sí sea accesible, aun en estos casos extremos. Pero no podemos partir del hecho de que ese acceso sea lograble sólo con una iluminación interior durante una vivencia, un taller, o un retiro, o por tres días de experiencias muy profundas, ya que muchas veces la persona sale de esa vivencia, y después se siente otra vez a merced de ese pensamiento que está como hipostático allá, que se volvió inaccesible a sus intentos de reprogramación. Y ahí vuelve a aparecer el segundo problema: ¿Qué pasa después de la vivencia? Usted es como muy optimista de que basta con que la persona tenga esa vivencia, y de ahí en adelante ya todo sigue bien y no importa tanto lo que pase después. Yo también soy optimista de que se pueda lograr, pero creo que el asunto es más difícil.

AS: Padre, examinemos tres aspectos sobre lo que acaba de decir. El primero, que me parece central, es el de tratar de observar las posibilidades de acceso a ese núcleo interno, al microcódigo, que en la gran mayoría de los casos pareciera que se ha encapsulado, que se ha hecho inaccesible. Segundo, veamos qué elementos podemos sacar en claro del ejemplo del alcohólico, y tercero, observémoslo a la luz de las EE. MM.

Empecemos por el segundo punto, el cual cómo estamos tematizando para ilustrar los otros dos. Usted explicaba, el alcohólico destruía a su familia, y se decía a sí mismo intelectualmente que no lo debía hacer; su *software* le decía eso: que tenía que ir al médico a tratamientos, tratamientos y más tratamientos; pero a pesar de ellos, seguramente iba a seguir sin resolver su problema. La pregunta esencial allí es: ¿Cuándo se curarán en última instancia los pocos que se curan? Cuando se perdió la esperanza en lo tradicional, cuando se dan cuenta de que su cura no depende de los demás, ya sea del médico, o del psicólogo, etc., cuando ya se convencen de que no hay el agente externo que los cure, cuando se dan cuenta de que su curación no depende de otros sino de sí mismos. ¿qué es lo que hay implícito en la actitud de aquéllos que van a una asociación de Alcohólicos Anónimos y se curan? Para mí, lo que subyace allí es que han entendido que ellos mismos son su última esperanza, y cuando el alcohólico ve que ésa es su última salida, tiene dos posibilidades: me salgo de esto, o me quedé de por vida así.

CV: ¡O me suicido!

AS: Sí, y si lo hace, lo que hizo fue renunciar a la posibilidad de resolver el problema; se dejó vencer por el problema, no se salió de él, y cayó en la situación en la cual el conflicto generado entre *los hechos y los "deber-ser"* lo sumieron en una dualidad y un conflicto de tal magnitud que, según él, según su verdad, según su E. M. I., no le dejaban otro camino que el de terminar consigo mismo.

Pero en el caso que no lo haga, en el caso que decida afrontar el problema, lo importante es que empiece a ver, primero, que ésa es su última salida, y segundo, que depende de él, que si no trabaja, si no colabora, si no lo hace por sí mismo, no hay nada qué hacer. Porque en el fondo, no sólo él mismo tiene que ir viendo claramente eso, sino que hay algo muy profundo e importante aquí, y es que en el grupo de Alcohólicos Anónimos, con su experiencia, lo que le están diciendo (más que con palabras, con hechos) es esto: Nosotros aquí lo apoyamos, aquí encuentra un grupo que tiene el mismo problema que usted, aquí tiene comprensión, y nadie lo rechaza, aquí no nos incomodamos porque usted sea lo que es, no le generamos un nuevo conflicto por esto. Esa actitud coincide con lo que estábamos mencionando la vez pasada de esas mínimas comunalidades: Dejar que uno sea uno mismo, que lo soporten con sus tonterías, con sus locuras, etc. Entonces, cuando él se da cuenta de que depende de sí mismo y asume su responsabilidad en relación con este problema, sin que los demás se lo dupliquen haciéndolo sentir rechazado, no sólo tiene una alta posibilidad de curarse, sino que ha retomado el control de su vida, sacándola del campo de las fuerzas que la doblegan, sean éstas traumas o problemas de diversa índole, que por muy razonables o científicas que sean, y aunque de hecho se den y se le puedan mostrar, saber que existen no le va a resolver el problema.

CV: ¿Cómo se puede relacionar esa toma de conciencia del alcohólico sobre su problema con la toma de conciencia sobre su propia E. M. I. en el caso de la persona considerada normal?

AS: Antes de tratar esto yo quisiera insistir en una precisión que ya habíamos hecho acerca de la conciencia de algo. Dijimos que saberlo intelectualmente no era tener verdadera conciencia. Ahí yo modificaría una palabra: Cuando el Padre decía que el alcohólico tenía conciencia pero seguía en lo mismo, en el sentido en que la estábamos utilizando la vez pasada, no la tendría de verdad, puesto que él sólo veía intelectualmente lo que le pasaba, pero eso no lo hacía actuar en consecuencia. Recordemos que no llamábamos *verdad* a lo que intelectualmente veíamos como correcto, sino a lo que a la hora de la verdad nos hacía actuar como actuamos. Retomando la analogía con los computadores, sería algo así como cuando usamos un *hardware* y el *software* correspondiente, que en ese caso el computador opera apropiadamente. Pero cuando esto no es así, por ejemplo, cuando uno quiere leer Internet con un buscador que está configurado para I.B.M., pero está usando un computador Macintosh, entonces se le mete tal cantidad de ruido que en definitiva no lo deja leer lo que quiere. La mayoría estamos equipados hasta con un buen *software*, pero ese *software* no casa bien con el *hardware*. La verdadera conciencia no es la que creemos tener porque otros nos dicen que eso es verdad, que eso es lo bueno o lo correcto, sino la que nos hace obrar como obramos.

CV: Acepto la precisión. En ese sentido la conciencia no es verdadera, pues no lleva a la acción. Es difícil ser consecuente con esa restricción tan importante que usted pide que tengamos en cuenta al hablar de la verdad. Pero esto era un paréntesis que usted había abierto antes de contestarme mi pregunta.

AS: Cerrando este paréntesis, y retomando la pregunta que el Padre hacía sobre la relación entre la toma de conciencia del alcohólico sobre su problema y la toma de conciencia sobre su E. M. I. en el caso de la persona considerada normal, considero en primer lugar, *que el ser humano considerado normal se caracteriza porque en su gran mayoría desconoce cómo se articulan e interactúan las partes que conducen su modo de ser, las que modelan su comportamiento, acciones, sentimientos, pensamientos, valores, principios, moral, ética, etc. En síntesis, desconoce lo que lo hace ser como él es. Por tanto, cuando alguien cumple las anteriores características, diremos que tiene una I-Estructura Mental Individual (I. E. M. I.).* En seguida le explicaré por qué agrego esa otra "I" al comienzo. Este ser humano entrega su vida a una causa o a unas causas que él considera legítimas, y se pasa su vida en pos de las mismas, sin comprender, ni intentar hacerlo, cómo resultó comprometido con ellas, pero viviendo su vida como determinado por ellas. Éstas parecieran responder a una especie de fuerzas ocultas que, guardadas las proporciones, en el caso del alcohólico también operan. Esas fuerzas ocultas se personifican en un aspecto de la vida de ese ser humano que intenta tomar el control de la misma. Por esto decíamos que el que está en vías de curación es el que se da cuenta de que el control de su vida, en relación con el problema que la está malogrando, está en sí mismo, y no en el exterior; que su problema no se debe a traumas o a fuerzas ocultas, sino a sí mismo, y que depende de sí mismo si va a actuar o no.

La existencia de la I. E. M. I. es algo que he detectado en la mayoría de las personas con las cuales he realizado este trabajo sobre EE. MM., y es que ellas no se dan cuenta por experiencia de su I. E. M. I. Con algunos se logra hacérsela ver intelectualmente, y aun hablar de ella, pero no se ve que la experimenten en forma vivencial, y por tanto no se responsabilizan de su situación. La mayoría de las personas, incluso los psicólogos y los psiquiatras, cuando diagnostican y tratan de instaurar un proceso terapéutico, lo hacen desde sus creencias, desde su ideología de base, y en última instancia desde su I. E. M. I. Ésta, como es obvio, lleva impreso el sello cultural de la persona, y aunque esto ocurre, y

94

aunque se puede ver intelectualmente, nos parece tan natural, que no lo vemos como un sesgo, sino como "lo que debe ser". Para superar las contradicciones que surgen cuando nos enfrentamos a los que poseen diferentes EE. MM. utilizamos dos estrategias. o descalificamos la E. M. del que piensa diferente a nosotros, o invocamos la tolerancia. Pero lo que hay de común en todos es que ellos no se dan cuenta de que hay "algo" que controla la gran mayoría de sus pensamientos, sentimientos y acciones. Es más, no se dan cuenta que esa I. E. M. I. es un factor común a todos los seres humanos, con las variantes genéticas y culturales que uno encuentre. Las EE. MM. de este tipo son las que en última instancia más nos interesan, porque son aquéllas sobre las cuales operamos normalmente, sin el conocimiento o la conciencia de que eso es lo que estamos haciendo. Por eso considero que un avance importante será el de contribuir a posibilitar que la mayoría de las personas logren ver qué los hace actuar como lo hacen, por lo menos intelectualmente, y ojalá vivencialmente, porque eso tendría unas implicaciones importantes en la racionalidad de las personas, y por ende en la racionalidad de las sociedades, que abrirían un amplio panorama no sólo para la investigación cognoscitiva, sino también para la investigación del comportamiento.

Esto es lo que yo propongo en el modelo teórico cuando trato de explicar cómo lograr el cambio de la I. E. M. I. a la E. E. M. I., donde "I. E. M. I." significa, "inconsciencia o desconocimiento de la existencia de la estructura mental individual", y por supuesto inconsciencia del papel que ella desempeña en la vida, y en don-de "E. E. M. I." significa, "entendimiento de la existencia de la estructura mental individual", y por supuesto del papel que ella desempeña en la vida. Insisto hasta volverme cansón en que ese entendimiento tiene que ser vivencial, profundo, no sólo teórico. Lo mismo puede decirse de la E. M. colectiva: también hay I. E. M. C. y E E. M. C.; cuando no especifico si es individual o co-lectiva, digo simplemente "I. E. M." y "E. E. M." Digo"I. E. M."

cuando hay inconsciencia, y "E. E. M " cuando hay entendimiento vivencial del problema.

Normalmente el alcohólico, y todos en la sociedad, vivimos de acuerdo con nuestra I. E. M., y por la falta de comprensión de ésta es por lo que tenemos tantos conflictos, ya que cada uno desde su I. E. M. y por su I. E. M. justifica hasta el matar a aquéllos que no la comparten, y lo mismo le pasa a cada sociedad.

Eso que estoy observando en tantas personas y en tantas culturas, en caso de ser corroborado más ampliamente, nos daría la posibilidad de tratar de resolver no los mil problemas generados por la I. E. M., sino de operar sobre sus causas. Todo esto espero que logre mostrar el poder de ese cambio de I. E. M. a E. E. M. Para mí personalmente, mi experiencia cada vez me muestra más que si la gente logra vivir, sentir, percibir claramente su E. M., y logra percibir vivencialmente ese cambio de la I. E. M a la E. E. M. con todas sus consecuencias, empieza a volverse cada vez más racional. Pero mientras esto no ocurra, estamos alejándonos cada vez más de una mínima racionalidad, porque como lo estábamos diciendo hace un rato, el paradigma actual en todas las sociedades es: "Hacer lo que cada uno quiera, darse gusto, vivir feliz, vivir el momento, no hay nada bueno ni malo". Y esta tendencia va incrementándose en algunos más rápidamente que en otros, pero va progresando.

CV: Pero, un momento, ahora usted está en contra del paradigma de que no hay nada bueno ni malo, y antes parecía que estaba en favor de eso...

AS: No es que esté a favor, es que eso es lo que ocurre, y no se puede resolver, como lo hemos hecho hasta ahora, yendo en contra, o dejándose llevar por eso, o caer en un "dejar hacer", el famoso *laissez faire,* que implica un dejarse llevar por esos impulsos, incluso aunque después le pese a uno, y dentro de ese entorno, pues indudablemente el destino de la sociedad casi que se podría prever. Pues si seguimos a este ritmo, donde cada cual hace lo que quiere, donde cada cual toma lo que quiere de la naturaleza y de la sociedad, donde lo impone por la fuerza si es necesario, donde lo que importa es "salvarse quien pueda", salvarse él y su grupo, pues indudablemente somos seis mil millones de personas que agrupados en familias o clanes, resultan ser millones de grupos posibles, luchando todos contra todos, en un medio ambiente real muy frágil y amenazado. Porque el medio ambiente sí es real, el planeta Tierra es real, la ecología es real, los recursos son reales, y todos sosteniendo que todo es imaginario o que todo depende de la óptica con que se mire, o que todo "depende de la razón" o "de la sinrazón" de cada uno, entonces ya podemos predecir claramente qué va a pasar con la humanidad. Pero hay una esperanza: La catástrofe ecológica prevista ocurrirá, a no ser que esos "anticuerpos" que existen, que piensan, que tratan de detener esta dirección del movimiento, puedan operar y logren encontrar alguna forma de hacer recapacitar a esas personas. Me parece que estas personas, y con respeto lo digo también, no despreciativamente, están más cerca del psicótico que de alguien racional, porque el asunto es que *la dinámica tautológica los domina.* El núcleo interno, el microcódigo, en la gran mayoría de los casos, pareciera que se ha encapsulado, que se ha hecho inaccesible, y por sí mismo no puede reformular su programación, porque esa programación no puede producir sino más de lo mismo. A esto se le agrega que las exigencias son cada vez mayores, como las del alcohólico o las del drogadicto, quienes un día requieren de cierta dosis, pero en una semana o dos semanas la dosis va a ser dos veces mayor, y así sucesivamente. Y esto no sólo le pasa a los tradicionalmente conocidos como adictos o viciosos. Esto le pasa a las personas con el dinero, como en el caso del señor Bill Gates, o del doctor Julio Mario Santo Domingo, etc., donde en esos casos el dinero en un momento determinado toma una dinámica propia; como decía el Padre con el ejemplo de los cinco millones de dólares diarios, haga o no haga nada el señor Bill Gates, la dinámica es tal, que él ni siquiera tiene tiempo de decirse: "Bueno, ¿y yo qué hago con esto?". O sea, como que eso ya se le volvió una cosa que lo maneja a él; no es él quien maneja la cosa; se volvió como una tercera opción que controla a la persona; al principio podía ser que Bill Gates controlara sus negocios, pero llega un momento en que éstos lo controlan a él. Se podría pensar si no hay más tranquilidad en un campesino o un obrero, que sabe que su jornada de trabajo es de 8:00 a 12:00 y de 2:00 a 6:00, así tenga urgencias económicas, ya que para él el trabajo es una labor consustancial a su existencia, pero no es su existencia. Necesita el trabajo para sobrevivir, pero el trabajo no lo domina.

CV: No sólo las psicosis y las adicciones parecen poseer a la persona, sino muchas otras pasiones e ideologías encapsuladas. Me llama la atención esa mirada en reversa o en negativo, en donde no es que el sujeto posea una I. E. M. I., sino que ella lo posee a él.

AS: Esto realmente nos lleva a insistir en el punto de que la accesibilidad al microcódigo sólo se puede dar cuando se ve claro que cada uno, como una especie de piloto automático, no puede hacer otra cosa que obedecer a su propia programación, que no se puede desprogramar por sí mismo, que ese instrumento no sirve para ver y actuar en otra forma que no sea en la que ha sido programado. En otras palabras, que la I. E. M. I. sólo permite al ser que la posee, o mejor que lo posee a él, obrar en consecuencia con la programación de la misma, y que mientras no se dé cuenta de que esta I. E. M. I. es la que le produce ese tipo de vida, no podrá salir de ella. Ni nadie lo puede sacar de su I. E. M. I. desde fuera. Pero en el momento en que se da cuenta vivencialmente de ella y de sus efectos, ya ha cambiado, y ahora decimos que tiene una E. E. M. I. Recordemos el caso del alcohólico, no de manera literal, sino como aproximación. Si este paso a la E. E. M. I. se da, seremos un poco menos irracionales y extremistas, y estaremos en posibilidad de realizar un ejercicio de razón apropiado, entendiendo por esto un ejercicio de razón que no lo dañe a uno mismo, que no dañe a los demás ni a la naturaleza en general.

CV: Sin embargo, siempre se vuelve al problema de si la mayor parte de las personas se pueden dar cuenta de esto, de si el encapsulamiento de su microcódigo se lo permitirá. Volvemos a la pregunta por si todo esto se puede expresar apropiadamente, y peor todavía si sólo tenemos el medio escrito.

AS: Es la pregunta sobre por qué no han funcionado tantas indicaciones y señalamientos que se le han hecho a la humanidad, que han terminado en simples cultos, o en letra muerta. Eso me preocupa más cuando el Padre se refiere a lo que está implicado en este trabajo como si fuera una "nueva religión secular". Esta comparación, viniendo incluso del Padre, resulta de mucho mayor potencia, y me hace saltar, con el debido respeto y guardando las proporciones, a pensar en el caso de un Cristo, de un Buda, de un Mahoma, y de tantos seres que han encontrado algo que es maravilloso para ellos porque ellos lo vivieron, y obviamente, lo quisieron compartir con los demás, y éstos, en lugar de ver lo que les mostraban, lo único que pudieron hacer fue convertirlos en ídolos. Incluso se me ocurrió una metáfora que no pretende ser cruel, sino ilustrar el caso: Sería algo así como cuando uno está perdido, y alguien le señala con su dedo para dónde debe ir, y uno, en lugar de seguir el camino señalado, en agradecimiento se queda adorando el dedo orientador, haciéndole estatuas y rindiéndole culto. Esa pareciera ser la historia de la humanidad, y me produce la mayor preocupación acerca de la posibilidad de que seamos capaces de encontrar el camino de comunicar esto a primera vista tan sencillo, ahora al final del siglo Xx, debido a que durante más de veinte siglos hemos sido ciegos a señales tan poderosas como las mencionadas.

CV: Eso es y será recurrente; pero la única forma de ver qué es lo que puede ocurrir con este punto de vista es sacándolo a la luz una y otra vez, compartiéndolo con todas las personas que puedan, como nosotros, estar interesadas en este tipo de reflexiones, y dejando de lado los temores, puesto que éstos no conducen a ninguna parte.

Y si esto es tan importante como nos parece, sería una pérdida muy grande dejarlo sólo entre nosotros; y si a otros no les llega a fondo, o si esto no es tan importante como nos parece a nosotros que lo es, sólo haciéndolo público podremos saberlo.

AS: Cierto, Padre; pero ahora que hemos tomado la decisión de hacerlo público, no puedo dejar de preguntarme: ¿Qué me había impedido durante todos estos años compartir esto?, ¿qué no me había dejado escribir sobre esto? Aun con el buen auspicio del Padre, y con sus empujones para que grabe estas cosas, para que lo haga si es preciso cuando vaya en el carro, y luego las transcriba, ni siquiera con eso me animaba a escribir. Yo a veces veía que, realmente, hasta escribirlo no sería tan difícil, e incluso cuando escucho los casetes que hemos grabado, creo que aunque hay cantidad de cosas que debemos profundizar, en ellos ya hay tema suficiente para escribir varios libros y ahondar en múltiples problemas. Más aún, cada uno de los casetes tiene tal poder, que uno podría escribir más de un libro con él; pero a pesar de todo esto, me preguntaba todavía: ¿Cuál será el sentido de escribir? Si lo hacemos, y por cualquier razón no logramos que esto sea vivencial, que pueda ser experimentado en toda su profundidad, no nos ganamos nada. Aunque a los lectores les pudiera parecer teóricamente importante, si realmente esto no se vivenciara profundamente a través de la lectura, pienso que no habríamos logrado nada escribiéndolo; y no sólo eso, sino que podríamos haber contribuido a aumentar la confusión, porque si esto tuviera éxito como cualquier otro libro teórico, pero sin ser vivenciado, pues estaríamos realmente generando una nueva ideología. Pasaría otra vez como suele suceder con el poder de los conocimientos que solemos enseñar, ya sea en filosofía, o en ciencia, por ejemplo en física o en matemáticas. Eso puede ser muy poderoso para el que lo comprende a fondo, para el que se da cuenta de todo lo que hay ahí implícito; pero para un estudiante que está ya en 10. o 11., o en los primeros semestres de la universidad, todo eso no es más que una fuente de aburrimiento y de rechazo.

Saber qué y saber cómo

CV: No creo que esto de lo que tratamos de hablar aquí, sin saber si lo estamos logrando comunicar vivencialmente, se pueda comparar con las matemáticas o la física. Esto es muy distinto, porque no es un saber tan localizado o con un objeto tan claro. Si usted es entusiasta por el derecho romano y se encuentra un manuscrito en latín por allá en un baúl antiguo, se pone feliz con eso, aunque a otra gente le parezca aburrido y no entienda nada; pero yo no creo que se pueda comparar este tipo de saberes como más profundos de la vida, llamémoslos así, de los que estamos tratando de decir algo sin estar seguros de que lo logramos, con los saberes ya objetivables y discernibles de una ciencia particular, sea la física o el derecho romano. Para el problema que me preocupa en este momento la comparación más bien sería a través de la utilización de una división que se suele hacer entre el "saber-qué" o *know-what,* y el "saber-cómo" o *know-how.* Podríamos decir que lo que produce ese primer nivel de conciencia al que se llega con la encuesta, ese saber que uno está como un poco a merced de un piloto automático, se convierte generalmente sólo en un *know-what,* en un mero "saber-qué", porque sólo puedo decir: "Yo sé que eso es así". Pero a la hora de la verdad, no paso al *know-how,* a saber cómo funciona mi estructura interna y cómo puedo actuar sin dejarme manipular por mi piloto automático. Parece más bien que cualquier otra cosa que haga, pues estaría también dirigida por otro piloto automático. No llegamos a saber cómo logramos ese mecanismo de autocorrección que sabemos que necesitamos.

AS: ¿Por qué no me pone ese mismo asunto de otra manera? Estoy tratando de entender la diferencia entre el saber-qué y el saber-cómo, pero no veo para dónde va la comparación.

CV: Para ponerlo en otra forma, ¿qué se ganó una persona al convertirse del protestantismo al catolicismo, o del catolicismo al protestantismo? Claro que el que tuvo esa vivencia de haberse convertido la puede vivir como la gran experiencia de su vida; uno ve, por ejemplo, que mucha gente en los barrios populares se convierte a una secta de estas de tipo carismático, y realmente cambia su manera de tratar a su esposa, y no vuelve a tomar, no vuelve a fumar, se convierte en una persona que los domingos, en vez de irse a jugar tejo y a tomar cerveza, se va a repartir la revista *Atalaya,* o lo que sea. Entonces uno piensa que por lo menos él personalmente vivió una cosa positiva, y socialmente en ese barrio también se está viviendo una cosa positiva. Pero la pregunta que yo me hacía era: Si la persona sólo llega a ese primer nivel de conciencia del *know-what,* de saber qué le enseña su nueva religión, ¿ahora de aquí qué sigue? Si me paso a otra secta, ¿qué? Más bien me quedo con lo viejo conocido, porque lo nuevo puede ser mejor en algo, pero no promete tampoco ser diferente radicalmente, profundamente, de lo que yo estoy haciendo ahora, ¿no? Es pasar de un piloto automático a otro...

AS: ...De una programación a otra.

CV: Hay gente de los barrios populares que le dice a uno: "No, Padre, tranquilo que yo no me voy a convertir a esas religiones cristianas que vienen por aquí, porque yo toda la vida he sido católico". Ahora yo sé que, en el fondo, tal vez lo que quiere no es ser consecuente ni siquiera con el haber sido católico, sino que lo que no quiere es incomodarse; o tal vez ve que el pastor les cobra el 10% de lo que se ganan allá en esa secta, y él piensa: "Si yo no doy limosna ni en la misa, menos voy a pagarle a un pastor el diezmo". Entonces, puede ser que tenga motivaciones egoístas, pero también puede ser simplemente que se diga a sí mismo: "Bueno, a la hora de la verdad, aunque yo estuviera mal en lo que estoy, pues ¿quién me asegura que estaría bien en lo otro?". No veo que en el fondo haya mucha diferencia entre saber qué dice una secta u otra, una religión u otra, un partido u otro.

AS: ¿Y cómo saben los que se cambian de ideología o de religión qué de todo esto que les dicen ahora es correcto y qué no lo es?

CV: No tienen ni idea, ni se preocupan siquiera de distinguir lo correcto de lo incorrecto. Aceptan la nueva programación tan ingenuamente como aceptaban antes la antigua. Como quien dice, no pasan del saber-qué, de la conciencia de que ahí está esa estructura mental que usted llamó "I. E. M. I.", al esfuerzo de entender a fondo cómo funciona, a saber cómo transformarla en una estructura más compleja y flexible, diríamos "ecológicamente sostenible", tanto para sí mismos, como para sus congéneres, como para el planeta. De pronto esto que estamos tratando de expresar a través de estos diálogos, tal vez a los lectores les va a parecer que es otra ideología ecológica, otra ideología budista, o qué sé yo. Al leerlos van a decir: "¡Ah, pues esto ya lo leí en un libro por allá de un *swami* de la India o algo así que vino por acá!". ¿Cuántas veces se ha repetido eso? Vino un *swami* de la India, presentó una propuesta, unos se convirtieron, otros no, y a la hora de la verdad todos volvieron a quedar en las mismas. Con eso lo que se crea es ya un escepticismo de todo lo que llaman "grandes relatos", "metarrelatos", "metahistorias", o "metalenguajes", y se crea una vacuna, una inmunización que no permite ponerle atención a algo nuevo que se diga, ni permite reconocer la propia I. E. M. I. ni siquiera al nivel del saber-qué, y mucho menos pasar al saber-cómo que nos permitiría reconstruir la E. E. M. I. en forma flexible y autocrítica. Tenemos un problema de cómo expresar por escrito que la E. E. M. I. no es otra I. E. M. I. lo mismo de trivial que las otras; luego tenemos el segundo problema de si esto es tan sencillo que basta con saber que nuestra I. E. M. I. es la que nos hace obrar como obramos, o si hay que seguir después con todo un trabajo de pasar de ese saber-qué a saber cómo incorporamos la autocorrección, y aparece ahora uno tercero que es el escepticismo que todo el que lea esto va a tener respecto a su validez y a su importancia.

AS: Éste quizás es uno de los más graves problemas, y es más grave todavía porque las estructuras parciales que tenemos son, digamos, *degenerativas*; el uso del adjetivo no es peyorativo, sino que lo uso como en un sentido clínico, en el sentido de que decíamos antes, o sea en el sentido en que la misma estructura que está controlando a ese personaje es la que le da sus gustos, sus apetitos, la que le permite elegir lo que él quiere, lo que él va a incorporar a su *software*, y hasta al microcódigo que guarda bien encapsulado en su *hardware*, y a su vez lo que lo va a regular en lo futuro. Por tanto, el refuerzo que le va dando cada vez esa "palabra" que decíamos originalmente, va a ser tal, que lo acerca, como decíamos hace un rato, más al psicótico, más al enfermo, más a alguien casi que incorregible, como dice el Padre, vacunado, inmunizado, de tal forma que cada día que pasa, el problema se vuelve más serio; de hecho ya hoy es mucho más serio que cuando Buda, cuando Cristo o cuando Mahoma dijeron su palabra.

CV: Claro, ahora ya menos le creemos a nadie que venga a hablar de eso, y mucho menos a unos profesores de física o de matemáticas que se metan de profetas. Ni siquiera le vamos a creer a un *swami* de la India con un nombre bien largo lleno de "aes". Ya la mayoría somos escépticos de todo esto.

AS: Ahora, cuando hace un rato estábamos pensando en todo como ideologías, en todo el relativismo que hay actualmente a todo nivel: ético, moral, etc., pensaba otra vez en los griegos, en los presocráticos, y en particular en los sofistas; y pensaba que prácticamente habíamos dado la vuelta otra vez, porque en el fondo no sé si estamos diciendo y haciendo algo diferente actualmente. Lo que ellos sostenían era que no había verdad ni mentira, que todo era válido, especialmente en el ámbito moral; entonces uno dice: "Bueno, actualmente, ¿qué estamos sosteniendo, a qué estamos tendiendo?".

CV: El postmodernismo dice lo mismo, y resulta siendo puro premodernismo. Es como si, fuera de los juguetes tecnológicos, no hubiéramos avanzado nada desde los sofistas, los estoicos, los escépticos y los cínicos.

AS: Yo agregaría otra pregunta: ¿Qué hay enmascarado bajo la palabra *tolerancia*? Porque una cosa es la tolerancia en el sentido de no atropellar ni matar a otro por causa de la diferencia, pero otra cosa es esa tolerancia condescendiente, donde no importa qué mal, qué daño hace en el sentido objetivo eso que se tolera. Aquí sí podría utilizar yo la palabra *objetivo*, cuando se trata de un daño real al planeta, a su familia, o a otras personas. Pensaba yo en la afirmación que hacía el Padre sobre el tipo ese que maltrata a su esposa o que viola a sus hijas, o alguna cosa de esas; es claro que la sociedad no puede ser tolerante, ni debe ser tolerante con él, ni él puede decir que lo puede hacer porque ésa es su familia; ahí todo el mundo debe intervenir. Pero, ¿por qué no intervenimos entonces cuando, por ejemplo, un sultán tiene a las mujeres como las tiene? ¿O cuando dispone de la vida de sus súbditos sin problemas? ¿Por qué no intervenimos? Por la tal tolerancia condescendiente. Porque nos satisfacemos con explicaciones verbales como que ésa es su cultura, su creencia, o su país, y con eso nos basta para contemplar impasibles todos los atropellos, torturas o asesinatos que se hacen dentro de una cultura. Ahí se vuelve a ver claro que resultan más importantes las palabras mismas que las vidas o la integridad de las personas, por un mal entendido "respeto". Siempre decimos: "¡Respetemos al otro!", y en general eso está bien; pero, ¿qué hay que respetar, por ejemplo en el caso del dictador que quiere disponer arbitrariamente de la vida de sus súbditos? ¿Debemos respetar las ideas del dictador, o debemos hacer respetar las vidas de las posibles víctimas?; ¿qué es más objetivo, qué es más real? Ahí me aparto del relativismo, ahí pienso que hay una realidad objetiva, gústenos o no. Otra cosa es que nos enredemos en cuestiones de metafísica, de semántica, de antropología o de sociología. Pero si todo esto es así de subjetivo, así de relativista, las sociedades no tendrían derecho a intervenir en las vidas de las microsociedades como la sociedad familiar, y entonces el padre que maltrata a su familia podría hacerlo sin que nadie se meta a defender a las mujeres ni a los niños.

CV: Y si los serbios matan a los musulmanes, o los musulmanes a los cristianos, o los cristianos a las brujas, que nadie se meta, porque ésa es su cultura propia. Todo esto me recuerda lo que dije antes sobre el segundo tomo de los documentos de la Misión de Ciencia, Educación y Desarrollo, en donde yo discuto esa parte de lo real y la realidad; allí señalaba en dónde estaría lo que en alguna forma es "objetivo": En los procesos reales, y lo que es "subjetivo": En la realidad de cada uno, en *mi* realidad, por más que yo crea que mi realidad es *la* realidad.

AS: Sí, a eso que ya habíamos hablado me estaba refiriendo; estaba pensando en su mención de esos dos conceptos de lo real y de la realidad, y creo que es importante hacer precisiones sobre ellos, porque si no, estamos cayendo y seguiremos cayendo en una alienación de las ideas y de las palabras, en un relativismo total y en un postmodernismo que no viene a ser otra cosa que el opio del momento para la gente, como lo definía el Padre. Incluso yo diría que podemos considerar todas estas ideas como opio, todas las ideologías como opio, porque llevan a las personas casi que a la concepción de que no hay sino realidades subjetivas, de que no hay nada real, a pesar de que sin algo real, por ejemplo sin alimento, me puedo morir muy pronto. Toda esta tendencia es tan alienante, las ideas se vuelven tan alienantes, las personas se vuelven tan relativistas, que por ejemplo algunos filósofos, cuando se les habla de la verdad y de la realidad, para ellos parece que no existe nada real y objetivo; para ellos todo es el mundo de las ideas; son muy platónicos. Eso lo sentía yo tratando estos temas con ellos, y pensaba que uno no podía ignorar que si no cultivo la tierra, o si alguien no lo hace por mí, no tengo comida, y si no tengo comida, pues me muero, y ahí yo no sé si eso se pueda calificar como real o no, pero para mí eso es claramente real. No veo cómo pueden llegar a decir que yo puedo hacer lo que me venga en gana y que no pasa nada, cuando todos estamos viendo, para usar nuevamente el ejemplo suyo de la vez pasada, que vamos haciendo cositas dañinas muy despacito, como quien no quiere la cosa, una quemita por aquí y otra quemita por allá, y de pronto lo real nos patalea. Es más: Ya sabemos que lo real nos va a seguir pataleando cada vez más fuerte, y aunque lo sabemos teóricamente, no tenemos la capacidad de autocorrección, que era lo que le queríamos agregar al piloto automático. Si continuamos en este camino, es fácil predecir la catástrofe anunciada, pues si seguimos así, si no logramos la capacidad de autocorrección, las catástrofes ecológicas las va a haber, las hambrunas anunciadas las va a haber; es más: las ha habido y las está habiendo ya. Si eso no es real, yo me pregunto entonces: ¿Qué es real? Si eso no es verdadero, incluso me atrevería a decirlo ya no en el sentido de las verdades con minúsculas, como lo mencionaba la vez pasada: Lo que yo diga es verdad, lo que diga cada cual es verdad, sino en el sentido de "VERDADERO" con mayúsculas, digo, si eso no es VERDADERO, entonces, ¿qué es verdadero?, ¿qué es real? ¿Cuáles son las referencias? ¿Cuáles son los mínimos?

CV: Ya me conozco esos filósofos, esos antropólogos, esos so-ciólogos tan culturalistas, tan culturalistas, que "de puro finos ni cantan", como decía el paisa de aquel chiste sobre los canarios tan finos que le había vendido al *mister*. Porque si cantan, están reconociendo que cantar, llorar, vivir y morir son procesos reales. Y no quieren reconocer que si no le dan alpiste al canario, se les muere realmente, verdaderamente, objetivamente, y no sólo en su realidad subjetiva. Con esa posición no se puede llegar ni siquiera a los mínimos necesarios para el diálogo, para la convivencia; ni siquiera a los mínimos para la supervivencia.

HAY MÍNIMOS Y MÍNIMOS

AS: A propósito, yo le agregaría a los mínimos que teníamos la vez pasada, que eran ciertamente los mínimos de los mínimos, como por ejemplo: *Que no nos maten y que no nos hagan daño,* y a otros mínimos al menos muy deseables, como por ejemplo: Que nos quieran, que nos respeten, que nos pongan bolas a nuestras bobadas, etc., que eran, digamos, unos *mínimos psicológicos*, otros que se me ocurrieron después; habría que agregar estos nuevos mínimos, que podríamos llamar *mínimos objetivos*, aunque la palabra no guste, en el sentido de que si no tenemos unos *mínimos de sustento, de supervivencia de la especie, de cuidado con el ecosistema*, pues definitivamente todas esas ideas muy bonitas del respeto, de la tolerancia, de la consideración, de que no nos maten, no van a servir para nada, pues aunque no nos matemos ya mismo, si no respetamos el entorno, indudablemente nos matamos nosotros mismos a largo plazo, nos autodestruimos. Finalmente creo que empieza a verse clara esa "metateoría" de la que usted hablaba, aunque no sea exactamente una metateoría con el énfasis en la segunda parte de la palabra, porque por su alusión a lo teórico parecería quedarse en lo intelectual, en lo ideológico. Por eso preferiría complicar un poco el término y denominarla algo así como "metatexperiencia", algo que sólo se le podría atribuir a aquél que la pueda vivir, al que pueda tener la disposición de experimentarla, yendo más allá de sus preconcepciones, así sean muy refinadas teóricamente.

CV: Sería de nuevo pasar de "metateoría" como *know-what*, como saber qué, a "meta experiencia" como *know-how*, como saber-cómo, es decir, llegar a saber vivencialmente cómo actúa esa estructura mental interna y cómo se puede volver flexible y autocrítica. De alguna manera, esto es volver otra vez al primer problema, porque al tratar de formularlo, uno tiene que decir en primer lugar que hay una estructura por aquí adentro, una estructura mental, llámesele como sea, I. E. M. I. por ejemplo. En segundo lugar, hay una posibilidad de agregarle a esa estructura por lo menos unos mecanismos así no sean permanentes, por lo menos esporádicos, periódicos, de revisión y autocontrol. Es agregarle al piloto automático los mecanismos de autocorrección, pero bien adentro, al nivel del microcódigo, para que pasen directamente a la acción, y pasar así a entender a fondo, verdaderamente, vivencialmente lo que nos está pasando, y llegar a la E. E. M. I.

AS: La cosa va por ahí; pero lo difícil es no creer que la E. E. M. I. es apenas otra estructura más como las otras, en competencia con las otras. Porque ahí volvería yo a caer en aquello de que todas las verdades particulares son verdaderas mientras lo hagan pasar a uno a la acción, y la E. E. M. I. sería una verdad con minúscula al lado de las otras, y no tendría por qué considerarse como mejor o peor que las otras.

CV: Tal vez es como decimos en las matemáticas: No sólo hay que saberse la demostración de un teorema o de otro, sino que hay que tratar de saber cuáles son los axiomas implícitos en ese modo de razonamiento, ¿no? En el caso del razonamiento que venimos adelantando en estos diálogos hay un axioma implícito que nos dice que esa estructura inicial es modificable, y que es modificable por la palabra; que es modificable por la conciencia de primer nivel a la que llega la persona, para pasar luego a transformar la estructura, a que se vuelva una conciencia profunda, vivencial, de *eso* que lo mueve, cuando la persona ve la imperiosa necesidad de hacerlo por sí misma. Son esos postulados los que van a primar en el razonamiento, los que hay que tratar de explicitar, y los que hay que tratar de poner en cuestión, a ver hasta qué punto se sostienen; aunque no se puedan demostrar, porque un postulado en principio no se puede demostrar, sí tienen que ser lo suficientemente potentes como para que generen un acuerdo relativamente fácil y muy amplio, con las excepciones de personas, que siempre las habrá, demasiado escépticas, demasiado cerradas. La gente tiene que llegar a decir: "Hombre, usted sí tiene razón, por lo menos en esos postulados". Es decir, si el otro niega uno de esos postulados básicos, en cierto sentido, como dice Adela Cortina, si lo niega, ya con cualquier razón que trate de dar para negarlo está reconociendo que por lo menos de ese postulado podemos partir para seguir discutiendo, razonando, o por lo menos dialogando sobre por qué unos lo afirman y otros lo niegan; ahí estaría un postulado también que yo llamo *optimista*. El postulado optimista es que hay esperanza en lo futuro, y que hay una posibilidad de evitar esas catástrofes ecológicas anunciadas, y que existe la posibilidad de garantizar la supervivencia de la especie. Otra persona lo podría poner en duda, pero si lo pone en duda, se cierra la puerta a cualquier acción para lograr ese futuro mejor. Claro que puede haber mucha gente que reacciona como el que dice: "Yo simplemente estuve de buenas, porque no me tocó vivir tan cerquita del tiempo de las catástrofes; así que voy a aprovechar lo más posible para sacarle jugo a este momento, y sacarle jugo a las demás personas, y extraerles plusvalía, y dinero, y todo lo que sea, con tal de yo poder disfrutar de estos pocos años que le quedan al planeta; y si este disfrute mío va a significar que entonces la catástrofe va a llegar primero, no me importa, pues de todas maneras a mí no me va a tocar". Y ése es un problema de un egoísmo muy, muy arraigado en la gente, un egoísmo que como quien dice de una vez descarta que la siguiente generación...

AS: ... pueda existir.

CV: Ese egoísmo no la va a dejar existir. Es como lo que decía Caín: "¿Por qué yo me tengo que preocupar de mi hermano?, ¿o de mi hijo? Pues, hombre, mucho menos de mi nieto". Por eso viene el asunto de decirle: "Por lo menos las personas que derivan genéticamente de usted merecerían que usted tuviera alguna previsión, como usted la tiene por sus hijos, de dejarles educación, de dejarles una herencia, lo que sea". Tal vez a través de eso se podría llegar a romper ese postulado egoísta, de que, como dicen: "Si a mí ni siquiera me importan las personas de otras regiones de mi país, y menos las de otros países, pues mucho menos me van a importar las personas del siglo XXII". Y así hay que ver cuáles son esos postulados, para poder ponerlos como en evidencia, y que la persona, tenga que reconocer que si él no sigue la discusión es porque él es muy egoísta. En un primer momento habría por lo menos que llevarlo a que reconozca que es muy egoísta, y a que tenga que decir: "Sí, soy muy egoísta, ¿y qué? Usted me tiene que tolerar como soy, y no se ponga a cambiarme, porque va a perder su tiempo".

AS: Pero por lo menos esta persona ya se vio como ella es, porque el problema es que nos estamos enmascarando. No queremos ver qué nos mueve. Es un primer avance en el sentido de superar la I. E. M. I. Puede que todavía no haga nada distinto de lo que hacía antes, pero por lo menos se le metió una cuñita para que empiece a caer en la cuenta de qué es lo que lo hace actuar como actúa.

CV: Claro, al menos tiene que reconocer que él no comparte el postulado altruista. Pero por lo menos comparte el postulado de que nadie lo puede matar ni torturar para que no sea egoísta. Y es posible que no comparta el postulado altruista porque muchas personas, al oír la palabra *altruista,* les parece que se van a tener que sacrificar mucho. ¡No!, ¡No necesariamente uno se va a sacrificar! Más bien, uno sólo tendría que reconocer que se va a preocupar por las generaciones futuras, y eso da una gran satisfacción interior. Y en ese sentido vienen unos mínimos que no son ya los mínimos absolutos sobre la vida y la integridad física, ni los mínimos psicológicos, ni los mínimos ecológicos que usted agrega, sino unos mínimos que podríamos considerar como de tipo comunicativo. Si usted quiere conversar conmigo sobre este tema, tenemos que compartir algunas cosas; usted en cualquier momento puede romper la conversación; pero al romperla, como quien dice, tiene que reconocer que la rompe porque se siente un poco asustado de las consecuencias, por egoísmo, por rutina, por pereza, porque no tiene tiempo, o porque no cree tener tiempo para cosas importantes; y bueno, si usted lo reconoce así, pues, ¿yo qué más hago?; habría pues que agregar estos mínimos comunicativos, llamémoslos así; hay que buscar bien cuáles son esos puntos en donde tenemos el contacto, el terreno común en el cual podemos empezar a dialogar. También hay que explicitar los mínimos esos de tipo psicológico, de los cuales tenía usted una buena enumeración, y que son muy sencillos, pero muy importantes, pues muestran que la persona por lo menos está tratando de ponerse en el pellejo del otro; no veo cómo alguien pueda dejar de reconocer que uno por lo menos quiere que le pongan cuidado a lo que está diciendo, que no lo interrumpan, que no lo descarten de una, que no le digan de entrada: "Ah, ya usted otra vez con sus bobadas, ¿no?".

AS: Y al que le haga a uno eso, hay que hacérselo también a él como en broma y en comedia, y ahí mismo se va a dar cuenta de que tampoco puede negar ese postulado mínimo.

CV: Pero también hay que explicitar los mínimos más mínimos y absolutos, porque no se trata solamente del respeto a la vida, sino también a la integridad personal; porque si digo: "Bueno, no lo mato, pero le saco los ojos", o: "Le corto las manos", pues hombre, tampoco, ¿no? O sea que no es solamente el respeto por la vida, sino como un respeto más amplio para que la persona pueda vivir como ser humano, diríamos: *Un respeto que le permita ejercer su humanidad,* al menos en el nivel en que la pueda ejercer razonablemente, porque es claro que todas las coacciones externas no las podemos cambiar. Por lo menos, que haya un respeto a la vida y a la integridad de la persona para que ejerza su humanidad; y así con cada postulado mínimo. Hay que buscar la manera de que se sientan claramente estos aspectos, estas cosas sencillas pero profundas que uno ve que el que las niegue, pues tal vez es que está como dándoselas de muy guapo, pero a la hora de la verdad las tiene que reconocer.

AS: Ensayemos a explicitar un poco más esos mínimos ecológicos que yo quisiera agregar a los que ya hemos repasado.

CV: Bueno, llamémoslos pues *mínimos ecológicos,* o sea que ya no dependen tanto del individuo sino de la especie. Por ejemplo, supongamos que usted me diga que a usted no le importa que la humanidad se extinga dentro de cien o doscientos años, que se agoten todos los combustibles fósiles, o que no haya agua para beber, y que haya que empezar a hervir agua de mar a unos costos altísimos; puede que usted diga que no le importa, pero a la hora de la verdad...

AS: ... cuando le toque a usted o a sus hijos o sus nietos sí le va a importar.

CV: Claro que le importa, porque usted cae en la cuenta de que decir que no le importa, ya lo hace quedar muy mal delante de usted mismo, para no hablar de lo mal que queda delante de las demás personas. Ahora, en el caso de esos mínimos ecológicos se ve muy claro a qué es a lo que yo me refiero cuando hablo de los procesos reales, distintos de las realidades que la gente cree que son la verdadera realidad. Por eso yo distingo que por un lado está lo real, que son esos procesos en los cuales yo soy uno más, que son procesos evolutivos muy complejos, de muy largo plazo, y por otro lado están otras cosas que son las realidades de cada uno, mis realidades, donde ya esos mismos procesos producen en mi cerebro unos ciertos modelos mentales, que yo llamo con Umberto Eco "mi enciclopedia". Y mi enciclopedia me guía, en cuanto que a cualquier síntoma de que un proceso está moviéndose, pues yo busco mi modelo, lo echo a andar, y trato de prever qué es lo que va a pasar. Ahora, claro que esa previsión puede fallar. Puede fallar porque sucedió algo que no estaba previsto en el modelo, pero tampoco estaba prohibido por él. Pero también puede fallar más drásticamente cuando ocurrió algo que era imposible en mi modelo ¿no? Es algo análogo al problema involucrado en los trucos de magia, cuando uno no descubre el truco, y por más que mira, y pide que le repitan el truco, pues no comprende, y uno se siente muy mal, porque uno dice: "¡Es que eso no puede ser! ¡Eso tiene que ser un truco!". O sea, el conejo no puede salir de ahí de un sombrero vacío.

AS: No pueden desaparecer la estatua de la Libertad.

CV: Entonces uno dice: Ahí se ve que esos procesos de la realidad que yo creo estar viendo directamente no son el mismo proceso real, sino que son ya modelados por mi estructura mental, y eso está muy bien mientras pase lo que estaba previsto por mis modelos.

Sin embargo, cuando esos modelos predicen que algo va a pasar y no pasa, o que no va a pasar y sí pasa, eso es lo que yo llamo "un pataleo de lo real". Como quien dice, lo real no se dejó encasillar en *mi* realidad, que yo creía que era *la* realidad. Yo por eso veo que muchas veces los filósofos, cuando empiezan a hablar, no caen en la cuenta de que cada uno está discutiendo sobre *su realidad*, y por eso un filósofo no se puede entender con el otro, porque para ambos eso que cada uno ve *es lo real*. Pero no están enseñados a distinguir que la palabra *real* tiene al menos dos acepciones, por decirlo así: Una es la que yo llamo *lo real*, en la que *lo real* son los procesos que no dependen, dijéramos, de la inteligencia, o de lo brillante que la persona sea, por más brillante que sea, sino que siguen ahí lentamente, entrecruzándose, avanzando en toda su complejidad y dinamismo, y otra es *lo real que ellos llaman*, a lo que se suelen referir, que es finalmente *la realidad que cada uno de ellos ha construido*, y que, precisamente mientras más inteligente sea esa persona, y más bien construida tenga su realidad, pues más inconsciente es de que sólo se trata de una construcción más, de una realidad particular.

AS: La tautología otra vez. La verdad de cada uno otra vez. El mismo círculo.

CV: ¡Claro! Como lo trabajamos con los participantes en la especialización en docencia de las ciencias, ya se ha estudiado eso en las preconcepciones de los niños sobre la física o la biología. Como los mismos niños se inventaron su teoría, no la sueltan por más que el profesor les enseñe otra cosa. Como dicen: "¡Mientras mejor sea su construcción, usted menos duda de ella!" ¿No?

AS: Está más aferrado a ella.

CV: En ese sentido es más fácil hablar con una persona que llamamos "humilde", porque sabe que sus modelos mentales son muy limitados, que hablar con una persona que cree que su modelo es la última palabra, y que el que no esté de acuerdo con ella es porque es bruto.

AS: Un paréntesis pequeño, Padre; todo esto muestra que nuestras elaboraciones mentales cuanto más estructuradas, cuanto más exageradamente elaboradas, tienden a acercarlo a uno más a la alienación, lo colocan a uno más cercano otra vez al psicótico, le alejan a uno de la posibilidad de ver el punto de vista del otro, de autocorregirse; en contraste, el ser humilde, el campesino que duda de su modelo mental, que sabe de su limitación, podría acercarse más fácilmente a lograr esa posibilidad de E. E. M. I., y ésa era la sensación que yo sentía hablando con algunos filósofos en los seminarios de epistemología; perdón, Padre, que lo interrumpí; por favor, siga.

CV: Bueno, eso puede ser así; pero no podemos descalificar a todos los filósofos... Porque también uno nota inmediatamente que hay filósofos y filósofos. O sea, que hay filósofos que hacen su filoso-fía y se la creen, y hay otros filósofos que realmente son amigos de la filosofía, o sea que están en búsqueda, que están poniendo periódicamente en cuestión sus certezas. Los unos son amigos de su sabiduría, y los otros son amigos de la sabiduría, de la Verdad con mayúscula. Claro que yo también tengo que estar filosofando y estar leyendo a otros filósofos y dialogando con ellos, pero no por confirmar mi teoría, sino por ver quién me la cuestiona, quién me la pone a prueba y tal vez me obligue a cambiarla del todo o por lo menos a mejorarla, y por eso no generalizo.

AS: Estoy de acuerdo, y por eso me cuidé de decir antes: "al hablar con *algunos* filósofos"; lástima que esos algunos sean tantos. Pero con este paréntesis sobre los filósofos lo saqué de la línea que venía siguiendo con lo de los mínimos.

CV: Sí, aunque ya estábamos redondeando aquello de explicitar los mínimos absolutos, los psicológicos, los ecológicos y los comunicativos. Pero sí veo que sería muy bueno que al explicitar con cuidado esos tipos de mínimos, muchos de ellos pudieran traslaparse y hasta coincidir. Ojalá los mínimos comunicativos y los psicológicos coincidan, y ojalá los psicológicos lleguen algún día a coincidir con los ecológicos, pues esas coincidencias le facilitarían a uno un poco, en primer lugar, ver cómo orientar la comunicación, así sea la comunicación escrita, y en segundo lugar, prever dónde van a estar los obstáculos y a poder prevenirlos, más fácil, claro, si el diálogo es cara a cara, pero ojalá también los pudiéramos prevenir en los diálogos escritos. Yo sí estoy de acuerdo con la dificultad de ese primer problema que usted puso al principio, porque el escrito, como lo han dicho muchos autores, *una vez que usted lo eche a andar allá en el río de la vida, es un barquito de papel que está a merced del que lo vea pasar, así lo interprete como basura, o como muy lindo; está a mi arbitrio si lo cojo como para hundirlo, o como para subirme en él e irme de viaje con el autor.* En cierto sentido, un texto se va a volver clásico en la medida en que permita muchos de esos tratamientos diferentes por distintos sujetos. Pero el texto no se puede defender de esa asimilación, en el sentido piagetiano de la palabra, que de todas maneras le hace el lector; entonces, si la primera reacción del lector sobre este texto es que ésta es otra ideología, que es otra religión, que es una crítica de esas anárquicas, o que los que lo escribimos somos unos ecologistas sin oficio, unos pacifistas como medio bobos, o bobos y medio, perdimos el tiempo. Si eso pasa, pues el texto ya murió, en el sentido de que no tiene capacidad de defensa ante esa asimilación inicial por parte del lector, y eso es lo que hace tan complicado el entregar un texto sin saber a quién, como parte de un proyecto, o dejárselo a una persona para que lo lea a ver si le llama la atención. Si la persona, precisamente por sus mecanismos de defensa, no está dispuesta a meterse a fondo, a vivenciar lo que en ese texto se anuncia, lo que apenas se muestra, no vale la pena entregarle el texto. Pero, bueno, digamos que ése es el problema de toda proclamación de algo que no es evidente para la persona que tiene ya ese filtro de color rojo o azul, pues nunca se va a hacer evidente para ella que haya cosas verdes, rosadas, anaranjadas, moradas, violíceas, ¿no? Esa persona no va a poder leer eso en el texto, por más que en el texto mismo uno trate de incorporar señales, y qué sé yo, cautelas, anuncios de peligro y todo lo que se invente, porque en ese sentido el texto es muy indefenso, como el barquito de papel. Y al no estar compartiendo una vivencia con los autores, la persona que lo lee más bien en frío solamente puede ver la codificación que hay ahí, interpretarla a su manera, y aceptarla o rechazarla. Qué le vamos a hacer; así son los textos escritos.

AS: Ese es el problema de todo escrito, y por eso creo que me sentía tan inhibido para escribir sobre lo que estaba viviendo, por más que lo sentía cada vez más potente cuando lo experimentaba con más y más grupos de estudiantes de todos los niveles, con maestros, con amigos. Y todavía le tengo mucho miedo al texto escrito, por más que usted me siga urgiendo a continuar.

CV: Ahora, también habría la posibilidad de complementar el texto escrito con un videocasete, o con un CD-ROM, o sea con un "cederón", como autoriza a escribir ahora la Academia Española... Una de las ventajas que tienen las comunicaciones en multimedia es que ya se sabe que si hay por lo menos dos canales, en este caso el visual y el auditivo, por ejemplo, ya hay una posibilidad no sólo de confrontar y verificar el uno contra el otro, sino que la modulación de los dos canales produce otros mensajes y otros efectos que sobrepasan lo que está codificado en cada uno de ellos. Como diría MacLuhan, el mensaje se vuelve masaje, el medio se vuelve mensaje. Nosotros tenemos una formación en donde nuestras ideologías occidentales son muy inclinadas a la atención al mensaje, a lo codificado, pasando sin fijarnos sobre el fondo, sobre el masaje, sobre el medio sobre el cual se transmite. Y esa sensibilidad es la que tal vez algunos publicistas más astutos logran manejar, y por eso nos venden hasta cosas que no nos interesan, que no nos sirven, que nos perjudican, y que hasta son muy caras, y sin embargo...

AS: ... las compramos.

CV: Así es; yo no sé bien cómo los publicistas logran que uno las compre; yo creo que es por eso: Porque juegan con el fondo, con el medio, con el masaje, y nos meten su mensaje bien adentro sin que nos demos cuenta, por ponernos a atender sólo al mensaje explícito, que no es el que a ellos les interesa. A mí el comercial de televisión siempre me apasiona como objeto cultural, por eso mismo...

AS: ... porque tiene un poder arrollador...

CV: ... porque tiene un poder que captura, por ejemplo, a los niños, que dizque no tienen suficiente atención para leer cinco minutos seguidos, pero obviamente sí la tienen para ver una caricatura de quince minutos completa sin parpadear; pero aun los niños muy pequeños, que no saben leer, con un mensaje de treinta segundos se aprenden el canto con letra y sonsonete, le dicen a uno lo que vieron, le repiten todo, y ¡les entra por dentro! Ya de ahí en adelante prefieren ir descalzos al jardín, que contentarse con unos tenis que no sean de la marca tal o cual. Aquí en nuestro caso habría que buscar también maneras de comunicar así, ¿no? Es decir, en el libro o en la revista habría que incluir en lo futuro un CD-ROM, para que la persona pueda meterlo a su computador, y entonces lo vea y lo oiga, y pueda interactuar con él y con nosotros por ese medio, porque para lograr este tipo de comunicación más vivencial, el texto escrito ciertamente es muy pobre. La prueba es que no hay ninguna religión que se haya transmitido sólo por su libro sagrado. El libro lo leen los que ya están convertidos; más aún, las religiones de libro suelen prohibir a los no convertidos leer el libro, o a los catecúmenos; entonces hay un período digamos de iniciación, llamémoslo *catecumenado o lo que sea, después del cual usted ya está autorizado para leer el libro; luego ellos mismos saben que el libro no solamente no es suficiente para comunicar su fe, sino que aun leerlo antes de la iniciación solemne, solamente eso, puede ser ya una vacuna contra la fe; saben que puede darse un rechazo que le produzca la lectura a esa persona; luego hay una sabiduría de los misioneros de todas las religiones que nos dice: "Ojo, que el texto escrito puede ser el mejor inmunizador, el mejor vacunador contra el mismo mensaje que lleva". ¿No? He ahí de nuevo el primer problema en toda su fuerza.*

LIBERACIÓN (Litografía 1955). Tomado del libro *Godel, Escher, Bach* de DOUGLAS R. HOFSTADTER de Tusquets editores. 1995.

120

El Ave Fénix

S: Padre, para esta última parte voy a pedirle el favor de que trate de hacer una síntesis que muestre a qué hemos llegado. Quiero ver cuáles son los puntos que le han parecido más importantes del trabajo que hemos hecho. Yo también haré la mía más tarde sobre lo que creo que hemos avanzado; pero creo necesario tratar de ver primero qué le ha quedado en claro al Padre de todo este proceso, y qué coincidencias hay entre lo que yo esperaba y lo que se pudo haber logrado.

CV: Eso sí es como muy difícil de precisar, y más difícil todavía va a ser lograr ahora una síntesis, porque, primero, yo he estado tratando de reflejarle aspectos específicos a lo que usted me va presentando, más bien que proponer yo ideas, y segundo, yo le doy un tratamiento, un masaje a los conceptos que van apareciendo, más bien que tratar de buscar la estructura global misma del asunto. Pero ensayemos a ver qué va saliendo. Lo que yo podría decir para comenzar es que *sí hay algunos consensos de base,* que no sé qué tan centrales serán para la teoría, pero que sí lo son para la colaboración entre los dos, y esos consensos comienzan, en primer lugar, por sentir que ambos tenemos *una profunda insatisfacción con la educación,* con las sucesivas reformas educativas, tanto escolares como universitarias, basadas en una reorganización de los contenidos, o basadas en técnicas y estrategias didácticas, como del tipo de agilización de la transmisión de ciertas informaciones o de ciertas destrezas. Veo que coincidimos en que *todos estos aspectos, por importantes que sean, pues se quedan por las ramas con respecto a lo que es la formación profunda, integral de la persona, y a las necesidades reales de las comunidades, del país y de la situación global del mundo.*

Este primer consenso parece una cosa más bien como negativa, pero es muy importante partir de lo que está ocurriendo, y saber qué es aquello por lo que sentimos un rechazo común. Ahora, ya para pasar a la parte positiva, es bueno constatar que ante esa insatisfacción también estamos de acuerdo en que no podemos quedarnos sólo quejándonos y criticando a todo el que sale a hacer algo, y mostrándole que lo que propone es incompleto, parcial, inútil, o que es pasado de moda, porque ésa es una posición muy facilitona, la de uno sentarse en el sillón a mirar a todo el que levante la cabeza para volvérsela a nivelar. Estamos de acuerdo en *que hay que investigar, reflexionar, proponer y ensayar algo nuevo,* en ser proactivos, en tratar de ser parte de la solución y no parte del problema, como dicen.

Después de mucho trabajo para buscar por qué sucede esto que ocurre en el mundo, y cómo se puede resolver, con ese deseo de proponer algo positivo, se han ido identificando unos *niveles de profundidad* en la ubicación de las posibles soluciones, y ahí veo que también estamos de acuerdo en que *esas soluciones tienen que ir mucho más allá de las asignaturas particulares,* de los objetivos específicos, de los contenidos específicos o de las habilidades específicas de los currículos de áreas, carreras, postgrados o cursos de extensión, para pasar a cultivar en todos los estudiantes y en todas las personas con las que entremos en contacto una conciencia clara de que nosotros quisiéramos *que actuaran de una manera diferente, que no se hicieran daño a sí mismos, ni a los demás, ni a la naturaleza, y que aportaran a la construcción de una sociedad cada vez mejor.* En eso también coincidimos, en seguir siendo quijotes, en seguir siendo abogados de causas perdidas.

Al buscar soluciones en ese nivel de profundidad, ambos encontramos que *hay algo muy central,* que no se puede precisar muy bien en palabras qué es, y ambos consideramos que es importante darse cuenta de que el problema no se puede abordar al nivel en que lo está haciendo la educación, pues uno no se puede limitar a seguir repitiendo que los estudiantes no saben suficientes ciencias naturales, o que no saben lógica, o que no saben matemáticas, o que todo es culpa de la falta de ética y de educación cívica, o de la falta de habilidades comunicativas, por importante y profundo que eso sea, sino que a un nivel todavía más profundo están *unas ciertas estructuras mentales (EE. MM.), para darles algún nombre, que organizan de tal manera la percepción de todo lo que entra por los sentidos, la producción de todos los mensajes que salen, y sobre todo los comportamientos más o menos espontáneos, en particular los no pensados, no conscientes, no reflexionados, y que ahí en ese nivel de profundidad es donde hay que buscar cómo intervenir para lograr el cambio que vemos tan necesario.*

AS: Bueno, eso quiere decir que tenemos una plataforma bastante amplia en común; pero ya estoy esperando que usted empiece a decir: "Hasta aquí veo las coincidencias, pero...". Ese "pero" es el que me tiene preocupado.

CV: Ya llegará; pero por ahora quiero insistir en la importancia de estas últimas coincidencias sobre el nivel de profundidad y sobre las estructuras mentales. En este sentido yo veo que tenemos una cuestión muy en común con la psiquiatría, la que suele llamar a algo parecido a esto "la estructura del inconsciente", o "la estructura del Ello". Mientras que el Yo, o el Ego, es una cuestión como más consciente, más superficial, más verbalizable, la E. M. parece ser una cosa mucho más profunda, más cercana al Ello, al inconsciente. El Super-Yo o Super-Ego más bien iría en el sentido de intentar estructurar en otra forma el comportamiento y la conciencia, aunque al fin y al cabo se convierte también en un enemigo, debido a que parece concentrar más bien una energía reprimida y represiva; pero también esa sería una de las estructuras mentales, digamos *superyoicas,* que acaban por esclavizar a la persona, en vez de ayudarle a desarrollarse. Allí es donde se sitúa ese efecto que usted señalaba antes, de duplicarle los problemas a la gente que ya tiene problemas con el control de su Ello por parte de su Yo, pues el Super-Yo se encarga de aliarse con la demás gente externa que lo señala como adicto, como anormal, como repugnante, y así lo acaba de hundir. Tenemos que volver a estas comparaciones entre la teoría de las EE. MM. y la psiquiatría, especialmente en la manera como entendemos el Yo.

Ya en el intento de precisar un poco más en qué consisten esas estructuras mentales, cómo se adquieren, qué impacto tienen en el comportamiento y qué caminos tendríamos para modificarlas es donde viene la parte más difícil de toda esta teoría estructuralista mental, llamémosla así. Aquí no me queda muy claro todavía hasta dónde tenemos consensos y en dónde tenemos diferencias. Aun suponiendo que coincidamos en identificar la estructura mental individual o E. M. I., todavía puede que ni usted ni yo sepamos cómo surge, ni cómo influye, ni cómo se cambia, o puede que cada uno de los dos nos imaginemos respuestas diferentes a esas preguntas. Entonces, en lo que más se ha avanzado en la reflexión y en la práctica que hemos adelantado juntos es, en primer lugar, en mostrar que esa estructura mental surge no solamente, como dicen los psiquiatras, por ciertos traumas infantiles de los primeros cinco años, sino que *continuamente hay toda una serie de procesos sociales y personales que están plasmando y modificando, generalmente en sentido negativo, estabilizando e inmunizando esas estructuras.*

Pero a pesar de esa visión un poco pesimista, también hay una coincidencia que creo que tenemos ambos por distanciarnos por igual de algunas corrientes todavía más pesimistas, pues ambos aceptamos que *si hay esperanza de modificar esas estructuras mentales a través del limitado acceso que tenemos a la conciencia,* debido al poder de la palabra y a las oportunidades que nos proporcionan las contradicciones entre lo que todos captamos que queremos hacer y lo que hacemos, entre lo que sabemos que sería lo mejor y lo que en realidad sucede, etc. Creo que estamos de acuerdo en que *ahí hay unos desequilibrios suficientes para poder meter como una cuñita por ahí,* y que hay motivos para empezar a caer en la cuenta de que esas estructuras son más maleables de lo que le pareciera a un psiquiatra, a un psicólogo, a un sociólogo o a un antropólogo. En ese sentido la nuestra sería *una teoría que da más optimismo, más esperanza de que sí es posible hacer algo a corto plazo y a mediano plazo,* no solamente quedarse esperando pasivamente un cambio cultural a largo plazo.

Ahora, ya ahí es donde surgen dificultades y posibles desacuerdos, al preguntarme yo qué más se puede hacer después de esa primera generación del desequilibrio que pone en marcha un comienzo de transformación de esas estructuras mentales. Usted parece muy optimista de que eso es suficiente, pero yo me pregunto qué tan duradero es ese efecto del primer desequilibrio, qué hay que hacer para mantener el proceso en un sentido de desarrollo positivo y de estabilización de esa nueva estructura que llamaríamos E. E. M., más acorde con las necesidades ecológicas del planeta, con las necesidades de la comunidad y las necesidades personales de una vida plena y satisfactoria. En ese sentido, pues, es lo que a mí me ha parecido que muchas veces, por razones de cierta reserva suya, llamémosla así, sobre lo que usted hace con los grupos con los que trabaja durante un tiempo más largo, todavía no está muy claro cómo otra persona distinta de usted podría hacer esa intervención, ni cómo la misma persona que ha comenzado esta vivencia con usted podría continuar ella misma como en una especie de terapia personal para no perder el impulso inicial que adquirió a través de la encuesta, los talleres y las experiencias, de manera que no vuelva a retroceder al estilo del fumador que está tres o seis meses sin fumar, y por cualquier desliz vuelve otra vez a quedar en la misma situación de frustración e impotencia en la que se encontraba antes. Allí es donde veo yo que falta mucho camino por recorrer, y que hace falta potenciar las posibilidades de que otras personas accedan a tener suficiente manejo de la teoría y de la práctica de la intervención para poder extender esto a círculos cada vez mayores, y que hace falta explicitar mucho más cómo colaborarle a la persona misma para que, sin necesidad de un agente externo, continúe por sí sola en un camino ascendente, que sea a su vez un camino de estabilización de la nueva estructura E. E. M., que cada uno sabe y siente que es más acorde con su mismo espíritu, con su misma familia, con su comunidad, con su país y con las necesidades del planeta.

Aquí veo también una dificultad, pues no es claro para mí si usted considera que la E. E. M. también es otra estructura, o es la misma modificada, o no es estructura a pesar del nombre, o si es una "metaestructura" o una "metaexperiencia". Puede que haya otra diferencia entre lo que usted piensa sobre lo que llamó "las verdades con minúscula" y "la Verdad con mayúscula", y en qué sentido cada uno tiene su verdad y todas son lo mismo de verdaderas que las otras. Algo avanzamos en precisar la diferencia entre lo real y las realidades de cada uno, y en identificar en qué nos distinguimos del relativismo total, del postmodernismo de moda en el que todo vale y no hay nada bueno ni malo.

Yo creo que en estos puntos es en donde hay todavía mucho que trabajar; pero veo acuerdos aun en ellos, aunque habría todavía oscuridades de mi parte, y tal vez interpretaciones diferentes de las suyas en cuanto a qué son las estructuras mentales, a qué nivel de profundidad están incrustadas en la persona, qué tan maleables son, de qué tipos son, qué tan duraderos y eficaces son los efectos que tiene la primera reestructuración, y para eso ya tendríamos que ensayar distintas ideas en la práctica con personas que hayan recorrido ese camino, acompañándolas en sus procesos para ver cómo los han vivido, en qué les ha ayudado usted, en qué forma continúan ellas solas, etc.

AS: Haría falta un seguimiento más cercano de esos procesos personales.

CV: Sí, para que no nos quedemos sólo con el impacto positivo de un grupo de estudiantes que se entusiasman con esta nueva posibilidad, y que empiezan a trabajar con una visión más de conjunto, por ejemplo en el ahorro del agua y de la energía. Hay que ver si empiezan a tener conciencia de una cantidad de cosas importantes y a actuar conforme a esa conciencia, que es lo más difícil; pero hay que seguir con ellos a ver si después, ante las realidades de la vida, y ante ciertas gratificaciones económicas y algunas maneras más o menos directas o indirectas de sobornarlos que tiene la sociedad o que utilizan las empresas que les ofrecen puestos lucrativos, pues los van otra vez nivelando a las estructuras previas, que son más conducentes para engañar a la gente, para el negocio, para el lucro de los manipuladores de la política, la información, la economía, etc. Eso sería un primer acercamiento a lo que hemos llegado en este camino que hemos recorrido juntos; pero ya me extendí demasiado.

El ser y el deber ser: El tiempo psicológico

AS: Padre, me pareció excelente la aproximación que usted hizo. Yo quisiera incluso hacer ahora algunas ilustraciones gráficas, de acuerdo con mi síntesis de lo que hablamos la vez pasada. Una de las ideas que el Padre había dicho que no perdiéramos de vista era la aproximación con la metáfora de los computadores y con la idea del *chip* y el microcódigo. Para empezar, voy a retomar aquí las figuras 1 y 2 del capítulo anterior.

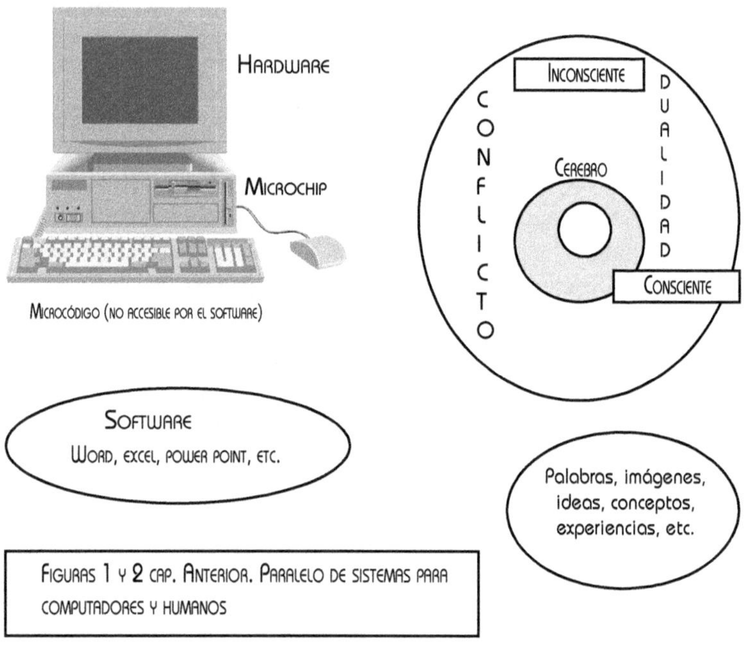

Figura 4.

En estas dos figuras hacía el paralelo con lo que es la estructura mental de uno y lo que es el computador con su *software*, su *hardware*, y el *microchip*, que tiene una programación interna que, como lo mencionábamos, no era accesible por el *software*. El paralelo era que el *microcódigo*, en nuestro caso, la estructura mental individual, era el inconsciente; el *hardware* era nuestro cuerpo con toda su dotación genética, que lo vamos a representar en forma simplificada con una imagen de nuestro cerebro, y el *software* era lo "educado", las cosas conscientes que le enseñaron, las que uno sabe y a las que está accediendo continuamente, como las palabras y frases, las imágenes y figuras, las ideas y conceptos, las experiencias previas, etc.

La palabra "Yo", debido a que el propósito de este trabajo es que sea accesible por cualquier persona, la uso no en el sentido técnico psiquiátrico en el que el Padre la estaba utilizando, sino en primera instancia la tomo en el sentido que le dan las personas en su uso cotidiano, en el cual ellas se asumen a ellas mismas como "Yo" con mayúscula, entendiéndose que a esta expresión le están asignando todo lo que ellas son, y representan con ella tanto la parte superficial como la inconsciente. Por esto a ese "Yo" lo podríamos identificar con *el Alma* o con *la Psique* del psicoanálisis, la cual, especialmente cuando uno tiene problemas, uno suele asumir que es inaccesible, misteriosa, independiente de uno; pero que contradictoriamente, especialmente cuando uno no está en crisis, uno cree que maneja a ese manejador (inconsciente), al controlador o pensador que hay ahí. A ese pensador, en segunda instancia lo podemos llamar también "yo", pero ahora con minúscula, debido a que este "yo" es una de las partes resultantes de *una bisección que se dio en el Pensamiento con mayúscula, el cual se dividió a sí mismo en pensador y pensamiento, éste ahora con minúscula;* esa bisección crea una imagen a través de la experiencia, del condicionamiento, de la educación, y a esta imagen la separó de mí como pensamiento. *Pero esta imagen también soy realmente "Yo", aun cuando nosotros hemos separado la imagen y el "yo", lo cual causa el conflicto y todo el desorden en que vivimos.*

Recordemos, como lo ilustrábamos en la figura 1, que todo lo que conocemos es Pensamiento, y por eso le solemos dar tanta importancia; ese Pensamiento es una sola cosa, el "Yo", pero se divide en dos: en el microcódigo (inconsciente = "yo" = controlador = pensador) y en lo que quedó de esa separación (consciente = imagen = controlado = pensamiento), y que por este tipo de interacción hay esa dualidad, ese conflicto entre esas dos partes, el inconsciente (controlador) tratando de controlar al consciente (controlado), éste tratando de ser como el controlador lo dice, y al fin y al cabo creándose esa dualidad y ese conflicto en el cual vivimos todos y cada uno de nosotros. En resumen, ese algo que jugaba con nosotros, el timonel, o el homúnculo, como lo llamaba el Padre, no era otra cosa que la estructura mental individual (E. M. I.), la cual está conformada y sigue conformándose por muchísimas cosas como son palabras, frases, ideas, conceptos, experiencias, creencias, etc.

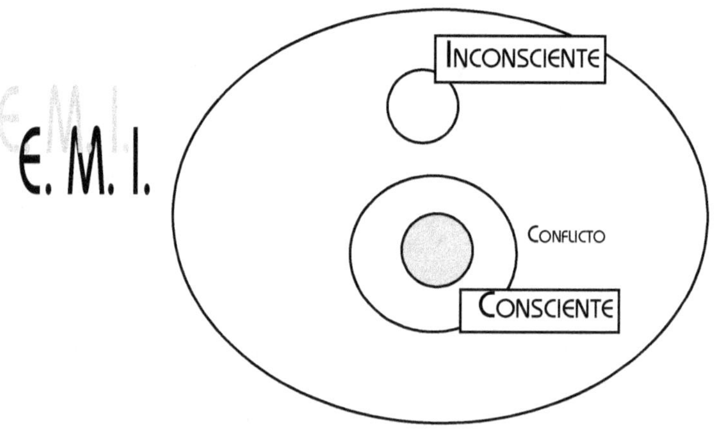

Figura 5.

Además, el problema es que debido a que esa imagen, por un lado, y por el otro, ese inconsciente, esa E. M. I, *se generaron, se gestaron en uno desde muy temprana edad, entonces, cuando uno toma cierta "conciencia" y trata de controlarse a sí mismo, no es consciente de que ese microcódigo ya esta ahí cuando uno empieza a reflexionar, a tomar "conciencia",* y por esto uno cree que su vida la lleva "racionalmente", que es muy coherente con uno mismo, que uno toma decisiones adecuadas, que sus decisiones son coherentes con su jerarquía de valores, la cual, como lo decía el Padre, es *inaccesible,* es inconsciente, y además, lo más importante es que *se está retroalimentando permanentemente.* Cada nueva palabra, cada nueva frase, cada nueva idea, cada nuevo concepto, cada nueva vivencia, cada nueva experiencia modifica esto, lo retroalimenta y lo va cambiando. Además, es claro que cada nueva vivencia, cada nueva experiencia se asimila de acuerdo con la precedente, y por ende lleva a unas modificaciones que son secuenciales y consecuentes consigo mismas, por lo cual caemos muy fácilmente en la tautología o la circularidad, ya que la primera vivencia condiciona a la segunda, y ésta a la tercera, etc. Entonces es difícil que podamos salir de ese círculo vicioso. A través de estas continuas modificaciones me creo la ilusión de que estoy cambiando, de que estoy progresando, introduzco el tiempo psicológico, y creo que estoy "deviniendo" (como se dice con ese galicismo tan útil, o sea llegando a ser mejor); pero también el "yo" está deviniendo, y por eso es diferente, y a través de ese mecanismo justifica su existencia. Creo que estoy mejorando, pero ése es un mejoramiento según la propia jerarquía de valores, y por tanto es tautológico, circular.

Resumo todo esto mediante un ejemplo: Supongamos que alguien me insulta, me hiere psicológicamente; entonces pienso: "¡Eso no puede ser! Tengo que hacer algo al respecto". Por tanto, tiene que haber un "yo" que haga algo al respecto; ahí se crea una separación artificial al interior del pensamiento; éste se dividió a sí mismo, se separó a sí mismo en *pensador (inconsciente = "yo" = controlador = microcódigo),* y *pensamiento (consciente = imagen = controlado = software).* Allí hubo un cisma, se crea el "yo" con el objeto de reaccionar, de responder, de evitar, de vengarme o lo que sea. Por ende, se introdujo el tiempo psicológico, porque ese movimiento de separación generó el tiempo psicológico. El "yo", o sea el pensador, que también es Pensamiento, y que antes del agravio era uno solo con el pensamiento, es ahora independiente para proyectar hacia lo futuro el estado mejor y para imaginar lo que hará. Me siento lastimado y llegaré a no sentirme lastimado. Se crea y se refuerza la distancia entre el *"Yo soy esto"* y el *"llegaré a ser aquello"*. Ése es el mecanismo de permanencia del "yo", ya que esa ilusión de devenir, de ser un "yo" que estoy deviniendo, volviéndome mejor, ese tipo de pensamiento es el que mantiene la herida, y con esa herida el "yo" adquiere permanencia y se convierte en necesario para buscar el estado mejor.

CV: Ya veo cómo se perpetúa esa división. Puedo pensar en un estado mejor precisamente porque tengo una jerarquía de valores preprogramada, según la cual ese estado es mejor, y al tratar de moverme hacia allá, lógrelo o no lo logre, estoy reforzando esa programación previa y ahondando la división entre el "yo" y la imagen; y me siento peor todavía si no lo logro, porque me siento impotente, me siento censurado por dentro y por fuera, y eso me acaba de hundir. Hasta se me ocurre un poco irreverentemente que esa podría ser una buena interpretación de lo que dice San Pablo sobre la Ley y el Evangelio. El Evangelio nos da una buena noticia, que todos somos hermanos de Jesús e hijos de Dios; pero la Ley nos da una mala noticia, porque nos dice que estamos divididos entre el "yo" y la imagen, y que esa división nos señala como malos y pecadores. Por otro lado, esa conciencia de la división interior, de la presencia de la Ley en nosotros es lo que nos permite ponernos en camino de las tinieblas a la luz. Parece muy negativa la Ley, pero sin ella no es posible saltarse la trampa de la estructura interna.

AS: Ojalá en esa aproximación estemos de acuerdo con San Pablo; o para ser inmodestos, y con perdón de los expertos en *La Biblia*, ¡ojalá San Pablo esté de acuerdo con nosotros! Es que ésa es una de las aproximaciones que para mí son más importantes, y además, como decía el Padre, representa un progreso en relación con la psicología, porque en nuestro trabajo ese inconsciente es accesible. En el trabajo de las EE. MM. se está presuponiendo su accesibilidad, la posibilidad de transformación, de mutación de esa E. M. I., al contrario de la psicología clínica más usual, y de la mayoría de las corrientes del psicoanálisis y de la psiquiatría, donde *el inconsciente es inaccesible.*

Sin embargo, hay que aclarar que estoy de acuerdo con el psicoanálisis en que normalmente el inconsciente no es accesible *a través de él mismo, o del consciente,* ya que todo es lo mismo, todo es Pensamiento, todo es la misma E. M.; es decir, el mismo microcódigo no se puede autocorregir; es como el piloto automático que mencionábamos, que no tiene esa capacidad, porque ya está programado y no puede ir más allá de esa programación; lo único que puede hacer es obrar dentro de la Programación previa; pero lo que yo añado es que sí existe la posibilidad de salir de ese círculo vicioso que describíamos antes; hay una esperanza de saltar a un lado de la trampa sin volver a caer en ella; existe la posibilidad de que el ser humano vaya más allá de esa estructura mental, aunque esa estructura mental parezca controlarlo, aunque esa E. M. parezca ser todo lo que el ser humano es. Esta situación, vista desde la estructura mental individual (E. M. I.), quiero ilustrarla en la siguiente figura (ver figura 6):

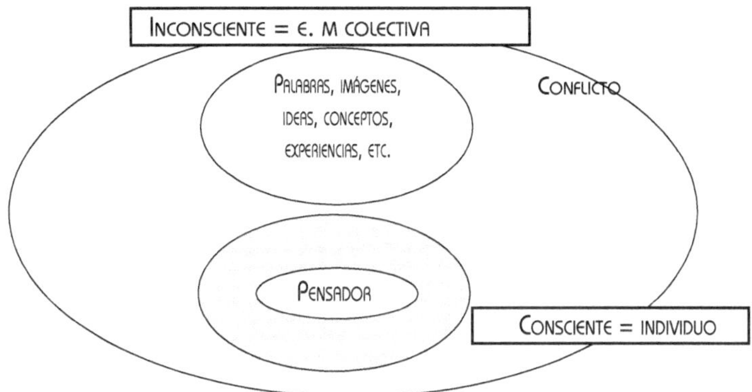

Figura 6.

Todo lo que conocemos son seres humanos, y por eso les solemos dar tanta importancia; todos somos una sola cosa: seres humanos. Pero nos dividimos en dos: En el microcódigo colectivo (inconsciente colectivo = "los demás" = "yo colectivo") y en lo que quedó de esa separación (el consciente = el individuo = E. M. I.). Debido a esa separación, *el inconsciente (controlador = la sociedad)*, trata de controlar al *consciente (controlado = individuo = E. M. I.);* éste trata de ser como el controlador lo dice, y por todo esto se crea esa dualidad y ese conflicto que es el que vivimos todos y cada uno de nosotros en relación con la comunidad en la que vivimos.

Aquí vemos que ese algo que jugaba con nosotros, como lo dice el Padre, no era otra cosa que la estructura mental colectiva, la E. M. C., la cual está conformada y sigue conformándose por muchísimas cosas, como son palabras y frases, ideas y conceptos, experiencias y creencias, imposiciones de la sociedad actual y de las sociedades precedentes. Además, el problema es que como ese inconsciente colectivo y esa E. M. C. se generaron antes, y ya estaban ahí antes de que uno naciera, y uno creció dentro de ellas, entonces, cuando uno toma cierta "conciencia", cuando uno tiene cierta edad y madurez para empezar a razonar por sí mismo, no se suele dar cuenta, no es consciente de que ese microcódigo, ese condicionamiento (llámense ideas, creencias, costumbres, estructura mental colectiva, etc.) que la sociedad ha mantenido por miles de años, ya está ahí cuando uno empieza a reflexionar, a tomar "conciencia", y que de ahí es de donde uno toma los materiales para construir su E. M. I.

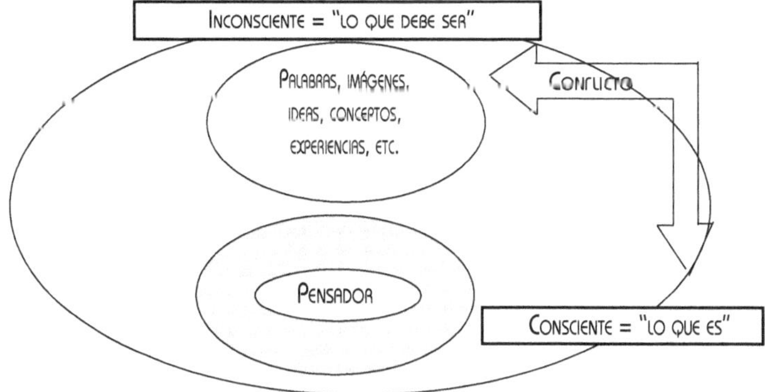

Figura: 7

Algo análogo le ocurriría a la sociedad consigo misma, como lo intento ilustrar en la figura 7. Como la E. M. C. también es Pensamiento con mayúscula, éste se divide en pensador = controlador = "lo que debe ser", y, pensamiento (con minúscula) = controlado = "lo que es", y por esto cada sociedad (en forma análoga a los individuos) cree que tiene "su vida propia", que la lleva "racionalmente", que es muy coherente con ella misma, que toma decisiones adecuadas, que sus decisiones son coherentes con su jerarquía de valores, sin caer en la cuenta de que esa jerarquía de valores es preexistente, y además que es *inaccesible*, porque pertenece a todos y no es patrimonio exclusivo de ninguno, porque corresponde a una variación más de las jerarquías de valores de la humanidad. Además, se está retroalimentado permanentemente con cada nueva palabra, cada nueva frase, cada nueva idea, cada nuevo concepto, cada nueva vivencia, cada nueva experiencia colectiva. Cada una de esas vivencias y experiencias la modifican, la retroalimentan y la van cambiando, así como va cambiando la sociedad de manera acorde con las jerarquías de valores de los muchos individuos que la conforman. Aquí también es claro que cada nueva vivencia la asimila la sociedad, tal como lo hacía el individuo, de acuerdo con la precedente, y por ende esto lleva a unas modificaciones que son secuenciales y coherentes con la misma jerarquía precedente, y por todo esto también las comunidades caen en la tautología, en la circularidad, tal como lo hacía el individuo, debido a que la primera estructura mental colectiva condiciona a la segunda, y ésta a la tercera, etc. Entonces, es difícil que podamos salir de ese círculo vicioso de estructuras mentales colectivas que cambian sin cambiar su esencia, y que no son satisfactorias para sí mismas, ni para los individuos, para las otras estructuras mentales colectivas (las de las otras sociedades) y menos para una visión ecológica global.

A través de estas continuas modificaciones, las sociedades se crean la ilusión de que están cambiando, de que están progresando; introducen el tiempo psicológico, o en este caso el psico-social, y creen que están mejorando, deviniendo; pero también el "yo colectivo", la E. M. C. está deviniendo, y por esto es diferente de la imagen colectiva que vive en cada uno de los individuos, en cada E. M. I., y a través de ese mecanismo justifica y perpetúa su existencia.

Resumo con un ejemplo análogo al utilizado para los individuos: Alguien ataca a la sociedad, la hiere psicológicamente; entonces ella piensa: "¡Eso no puede ser! Tenemos que hacer algo al respecto". Por tanto, tiene que haber un "yo" = E. M. C. = deber-ser = controlador que haga algo al respecto; ahí se creó una separación artificial al interior del pensamiento colectivo entre el *pensador (inconsciente = "yo" = controlador = microcódigo = E. M. C.= lo que debe ser), y el pensamiento (la E. M. I.= lo que es = lo controlado)*. Aquí hubo un cisma, se creó el "yo" con el objeto de cambiar *lo que es*, de reaccionar, responder, evitar, vengarse o lo que sea. Y por ende se introdujo el tiempo psicológico o psico-social; ese movimiento de separación generó el tiempo psico-social. El "yo" = "deber-ser" proyecta hacia lo futuro el estado mejor y se propone lo que hará para moverse hacia allá. La sociedad se siente lastimada, y llegará a no sentirse lastimada. La sociedad siente la división entre *"Es esto"* y *"Llegará a ser aquello"*. Ése es el mecanismo de permanencia del "yo" = deber-ser, ya que esa ilusión de devenir, de un "yo" que estoy deviniendo, ese tipo de pensamiento dual es el que mantiene la herida, y con la herida, el "yo" = deber-ser = controlador adquiere permanencia y se convierte en necesario para buscar el estado mejor.

En síntesis, el individuo va a tener dos microcódigos, mecanismos de control o controladores básicos que ejercen control sobre él: Su "yo personal", y el "yo colectivo". Éstos tratan de controlar al individuo a toda hora; o sea, hay dos círculos viciosos, uno es al interior del individuo y otro al interior de la sociedad. El individuo está atrapado dentro de esos dos círculos viciosos, el interno y el externo. Como se ve, el individuo no ha caído en la cuenta de que esos microcódigos están ahí, de que él está en cierta forma preprogramado; por eso no puede salir de ahí mientras que no asuma y no se dé cuenta de qué es lo que lo hace actuar como actúa; mientras no sea consciente de eso y no lo asuma vivencialmente, no va a poder salir de ahí. Y en la medida en que él se dé cuenta de eso, ya empieza a cambiar; es decir, cuando uno no se da cuenta de que está siendo utilizado por los demás, pues continúa siendo utilizado; pero cuando uno es consciente de su situación, existe una esperanza. Ahí no estamos contradiciendo la psicología; pero a diferencia de ella, estamos viendo que al caer en cuenta del círculo vicioso en que nos movemos, nos empezamos a salir de él, y por tanto sí hay algo nuevo, hay ese "darse cuenta", hay un *discernimiento* que permite poder salir de ahí, saltar al lado de la trampa, como decía el Padre.

Por esto diseñamos la encuesta, el taller, la experiencia, más su respectiva retroalimentación, y en la práctica hemos visto que contribuyen muy fácilmente a este discernimiento, a este darse cuenta del círculo vicioso en que nos movemos, y por tanto, constituyen un avance que considero importante y valioso, no sólo por las posibilidades que nos ha mostrado, sino por las que podría brindarnos en un trabajo más a largo plazo y con más recursos humanos, y tal vez de otra índole.

CV: Quedó bien ese paralelo entre lo que pasa en cada uno de nosotros y lo que pasa en la sociedad. No me queda bien claro en qué sentido lo que antes era la imagen interna ahora es la E. M. I.; tal vez es mejor decir que la imagen colectiva está en todas las estructuras mentales individuales, o aceptar con Jung que hay un inconsciente colectivo, un "yo" colectivo, y una imagen colectiva. Yo me inclinaría por lo primero, pero de todas maneras es muy sugerente el paralelo.

AS: Hay otro aspecto que creo que será de mucha importancia, me parece a mí; no sé si lo estoy sobrevalorando excesivamente, y es que de lo que hemos obtenido y de lo que se vislumbra, por ejemplo para la psicología (con el modesto conocimiento que tengo de la psicología), se podrían producir cambios en lo que tiene que ver tanto con los orígenes de los problemas psicológicos como con su tratamiento; por ejemplo, pienso en lo clave que es lo que decía el Padre sobre que la estructura del inconsciente no sólo es debida al trauma del nacimiento y a los de la primera infancia; yo creo que hemos avanzado en saber que la E. M. I. se sigue estructurando toda la vida; tampoco podemos aceptar sin más que esos traumas se puedan deshacer a través de la palabra y del examen de toda la experiencia de la persona; al fin y al cabo estos enfoques tienen sus problemas, porque cuando a través del psicoanálisis la persona trata de reconstruir toda esa experiencia traumática, mientras que lo está haciendo con la ayuda del psicoanalista, está siendo sometida a experiencias nuevas, y esas experiencias nuevas a su vez se están dejando de elaborar mientras se elaboran las viejas; entonces, más elementos nuevos van a caer en el inconsciente, por decirlo así; más elementos van a dejar de ser elaborados, y por esto en tantos casos, después de seis u ocho años de psicoanálisis no hay logros importantes, y en consecuencia no hay mucha esperanza ahí...

CV: ... y menos esperanza todavía para los que no tienen el tiempo ni el dinero para darse el lujo de seis años de psicoanálisis, que somos la abrumadora mayoría.

EL CONDICIONAMIENTO Y LA PERSISTENCIA DE LA PALABRA

AS: ¡Por supuesto! Aunque nuestro objetivo no es controvertir las teorías psicológicas, ni competir con ellas, pues ésa no es nuestra especialidad, sino que nuestro interés está en ver las posibilidades de flexibilización de las EE. MM. y de contribuir a producir los cambios que requerimos como seres humanos, no podemos dejar de anotar aquí que habíamos llegado a distinguir tres estadios que se producían por el condicionamiento de los seres humanos, de acuerdo con la posibilidad de modificar ese condicionamiento. Estos estadios eran:

Primero, el condicionamiento denominado "normal", que se caracterizaba porque era automodulable y automoderable; cuando era normal, decíamos que la palabra no persistía tan fuertemente, no era imborrable.

Segundo, el condicionamiento del adicto, donde notábamos claramente que esa información se tornaba muy difícilmente borrable, pero había esperanza: Era borrable, al menos cuando la persona podía caer en cuenta de que dependía de él borrarla, de que no estaba dependiendo por allá de una alma, de un inconsciente, o de algo que se le salía totalmente de su manejo; pero para eso, como lo mencionaba el Padre, tenía que caer o degradarse al máximo, y en cierta forma era en esa lucha que él tenía contra la concepción social, era en esa reflexión de él con respecto a lo que la comunidad representaba para él, en donde podría recuperarse.

Tercero, el condicionamiento del psicótico, donde su condicionamiento era casi indeleble, sus niveles de programación eran casi inaccesibles. Entonces, pues no sé si yo me voy muy lejos, pero estoy sugiriendo que si seguimos en este camino que hemos comenzado, se podrían producir cambios en la psicología, en la psiquiatría, en la sociología, y también incluso la economía, y que muchas cosas tendrían que cambiar. Si esto es racional, si esto es lo que vive cada persona, y eso es lo que he experimentado que es y que vive cada persona, si esto es coherente con nuestros comportamientos reales, pues aunque nuestro propósito no es ni era explicar todos los comportamientos, no era llegar tan allá, lo que esto me está mostrando es que hasta los comportamientos enfermizos o comportamientos anormales se podrían explicar.

CV: ¿En qué sentido usa *explicar*?

AS: ¿Me fui muy lejos?

CV: Sí, bueno, es decir, muy lejos desde mi punto de vista. A mí me gusta la idea de cuestionar ciertas acciones de la psicología y de la sociología. En cierto sentido, como lo decía antes, la psicología y la sociología son pesimistas con respecto a las posibilidades de esas transformaciones, y en ese sentido el psicoanálisis y la psicología clínica son más optimistas con respecto a los neuróticos, pero no a los psicóticos, en el sentido de que ya a los psicóticos los dan por perdidos, porque la palabra no sirve para modificar esas estructuras internas de su personalidad. Pero con respecto a la neurosis, a la depresión, a ciertas manías, a ciertas fobias, a ciertas patologías de la comunicación entre parejas, o entre padres e hijos, pues ellos sí son bastante optimistas del poder de la palabra para llegar hasta allá, para poder hacer conciencia, y prácticamente lo que buscan es eso: Llevar algo del inconsciente a la conciencia. Sin que el psiquiatra o el psicólogo clínico se lo tengan que decir al paciente, tratan de reflejarle y darle vueltas a sus asociaciones, hasta que la persona de pronto ve ella misma, y cae en la cuenta, sin que nadie se lo diga, de dónde están esos nudos que lo tienen amarrado. Pero precisamente por los fracasos, digámoslo así, del psicoanálisis, aun después de seis u ocho años de tratamiento, éste se ha ido desacreditando, en el sentido de que, aun en el caso de las neurosis, era demasiado optimista al creer que "hacer conciencia" era suficiente para producir el cambio de las estructuras de la personalidad y de los comportamientos que brotan de esas estructuras. Por eso eran mis preguntas más directas sobre las expectativas que usted tiene de que la palabra y la vivencia momentánea producida por una encuesta, por un taller, o por esas guías que uno da para los talleres, produzcan ese primer chispazo de iluminación; y mi impresión es que usted está también muy del lado optimista, pues usted cree que esa iluminación o esa conciencia puede reprogramar el microcódigo, para usar esta misma analogía. Yo soy más escéptico.

Autosatisfacción: La felicidad y el condicionamiento

AS: Es que hay una cosa, Padre, y es que no se trata propiamente de reprogramar el microcódigo con otro programa, que sería tan

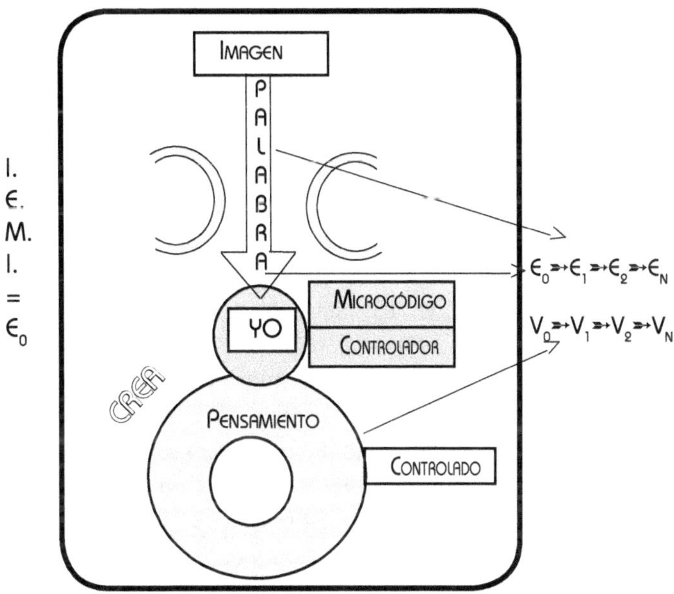

Figura 8.

verdadero como el anterior; es que realmente el problema sigue siendo que mientras nos movamos en ese torbellino, y por eso yo por aquí pintaba nuevamente la figura 4 un poco modificada (ver figura 8.), en donde se mostraba cómo desde que nacemos estamos presos en el torbellino de la estructura mental colectiva, somos prisioneros del condicionamiento. Somos prisioneros, pero nos hemos acostumbrado a la prisión.

Recordemos que en la figura 3 ilustrábamos que la estructura mental individual inicial I. E. M. I. = E0 de cada individuo había sido creada por las imágenes, palabras, ideas, conceptos, etc. que estaban presentes durante el nacimiento y desarrollo de ese ser humano, y veíamos cómo iban cambiando a nuevas estructuras mentales, E1, E2, E3, E4, etc., cada una con sus respectivas verdades, V1, V2, V3, V4, etc. Algo análogo ocurría con los demás seres humanos, y ante los cambios y diferencias de sus EE. MM. y de las verdades consecuentes con ellas, lo único que podía hacer cada individuo era una de dos: chocar con los demás por sus verdades, o tolerarlas. También anotábamos que estas dos posibilidades se habían dado a lo largo de la historia, especialmente la primera, y que aun cuando la segunda resultaba menos dramática, se terminaba cayendo en el "dejar hacer", el *laissez faire* del postmodernismo, donde todo resultaba válido, y por tanto degenerativo, pues prácticamente de lo único que se trata es de que cada uno se satisfaga como pueda, de que dé satisfacción a esta estructura primigenia (en otras palabras, de lo único que se trata es de que adorne la prisión), sin importarle que dándole satisfacción a ésta destruya el conjunto; para él eso es lo de menos. Eso se veía más patético en el caso del sicario, quien decide disfrutar dos semanas sin importarle que acabe con todo, y aunque haga todo el daño posible; entonces por eso la psicología y la sociología indudablemente no pueden dar esperanzas, porque estas estructuras mentales no pueden ir sino en el mismo sentido de aquello que las deteriora. Si uno busca satisfacción, cada vez va a buscar más satisfacción, y *si todos buscamos satisfacción, si no buscamos límites, si no buscamos qué es lo que corresponde y lo que no corresponde en relación con la totalidad, sino que el problema es la autosatisfacción, si el problema es actuar acorde con el condicionamiento, es difícil salir de ese círculo vicioso,*

CV: Sí, hay una cadena de reforzamiento aquí que la capta el sentido común de la gente, como cuando la gente dice que los ricos entre más plata tienen, más plata quieren; pero uno dice: "¿Para qué ganarse cinco millones de dólares cada día?". Supongamos que nos los ganamos: ¿Qué puede uno hacer con ellos? Tiene que mandar hacer un palacio de seis mil millones de dólares, que ni siquiera lo llegará a conocer, porque no tiene tiempo; y lo mismo pasa con la droga; y lo mismo pasa con todo tipo de búsqueda de placer; o con ciertas formas de manías que van enredando a las personas, por ejemplo con las conquistas de tipo amoroso-sexual, como el caso de los donjuanes. La búsqueda de placer antes se les convierte en un impedimento, en vez de una plataforma para ir más allá; tal vez muy pronto van a empezar a tener simplemente cada vez menos satisfacción, en lugar de esa satisfacción mayor que ellos querían. En otras palabras, ganarse el primer millón de dólares es muy satisfactorio, pero el décimo no, pues ya ni se darán cuenta a qué horas se lo ganaron. Ya casi que automáticamente empieza aquello que dice el refrán, que la plata llama la plata, y una persona de ésas se va metiendo en aquello de mover la plata, de hacer inversiones aquí y allá·, y su vida se le vuelve sólo eso, ¿no? Esto se vuelve así una sucesión cada vez más peligrosa socialmente y personalmente, y cada vez más atrapadora; es como un atractor extraño que lo pone a uno a girar en torno a él, y mientras más cerca de él esté, más siente el campo y ya no puede uno despegarse de ahí por voluntad propia. Esto es lo que me lleva a mí a pensar si ya hemos identificado bien este tipo de evolución, llamémosla "negativa"...

AS: ...o llamémosla "sistema tautológico", que es el mismo que denominábamos "sistema autosustentante", que es el que no tiene posibilidades, que en él mismo ya no conserva ninguna posibilidad, y que lo único que nos puede producir es esa desesperanza, porque dentro de él *las necesidades imaginarias, ilusorias, gobiernan a las otras necesidades.*

CV: Pero el problema es que el identificar esto lo lleva a uno a más desesperanza, en el sentido de ver que lo normal que pasa es este comportamiento circular, tautológico, autosustentante o como lo queramos llamar.

Perder la esperanza

AS: Claro, Padre; los hechos nos muestran que los diferentes tipos de comportamientos que se han dado en las diferentes épocas, en las más variadas culturas, no han logrado romper ese círculo vicioso, porque al fin y al cabo todos responden al mismo patrón. Porque las personas, aun las más destacadas, las más brillantes, no se han dado cuenta claramente de este condicionamiento, y buscan la salida por medio de él. Es como el prisionero que quiere escapar, y le dice al carcelero que lo guíe. Entonces el problema es que todas estas personas se han movido y se están moviendo dentro de ese mismo patrón, y creen estar siendo coherentes, pero al mismo tiempo han estado y están muy insatisfechas. *¡Ahí está la esperanza, en esa insatisfacción: !ahÌ está la clave!*

¿Por qué no nos podemos dar cuenta de lo evidente, de lo obvio? ¿No podemos ver que todos los rumbos que hemos tomado hasta ahora no han resuelto el problema ni lo resolverán? ¿Por qué no podemos mirar el problema de un modo completamente diferente? Si todo este condicionamiento no me ha llevado a ninguna parte, si no me ha liberado de mi egocentrismo, de mi sufrimiento, ¿por qué no podemos dejar atrás todo este tipo de condicionamiento de la humanidad y el comportamiento subsecuente?

Como el Padre decía, sólo vamos cambiando de opio; el del pueblo moderno es el postmodernismo, que ni siquiera flexibiliza las EE.

MM., sino que las hace más rígidas, por más que los postmodernos crean lo contrario, que ellos son muy flexibles, muy finos, muy democráticos o qué sé yo, sin caer en la cuenta de que eso es sólo un refinamiento de la misma programación previa y de acuerdo con las mismas jerarquías de valores ligeramente modificadas. El Padre lo decía claramente: Cuanto una persona recurre más al intelecto, cuanto más elabora su estructura mental, pues se vuelve más autorresistente al cambio, más difícil de cambiar; por el contrario, el más humilde está más cerca del cambio, o tiene más posibilidad de cambio.

CV: No es que lo diga yo; es que hay un párrafo del evangelio que lo dice casi al pie de la letra.

AS: Por otro lado, *el principal problema, es que normalmente, ninguno, ni el ser más humilde, ni el más educado, ni el más intelectual, son conscientes de que están atrapados; y ahí el punto de apoyo para con la palanca mover el mundo, en que las personas se den cuenta de que están presas, porque si no, no se podrán liberar.*

Si encontramos un mecanismo, un proceso que empiece a desviar el curso de esa dinámica, que le haga primero a la persona decir: "¡Un momentico!", y a hacerlo dudar a uno de que su estructura no es tan perfecta, no es tan válida como hasta para dar la vida por ella, por esa estructura mental, por esas ideas y conceptos, ya eso solo lo empieza a hacer cambiar a uno, porque le genera una inestabilidad, un desequilibrio, le hace detenerse y pensar. Eso le permite llegar a decir: "¡Un momentico! Yo me hacía matar por esto, y si esto es tan deleznable, *¿vale la pena que yo entregue todo, hasta mi vida, por sólo una parte, por la búsqueda de satisfacción, por la búsqueda de realización de esa parte?".* Se empieza a dudar si se justifica que yo pueda entregar hasta la vida por unas concepciones que me metieron aquí, que son producto de una educación, de un condicionamiento, y que yo creía en un principio que eran como un legado del más allá, y algo tan especial que valdría hasta la pena de acabar con todo lo que yo soy por *eso. Es ahí, en esa duda, en donde existe la esperanza.*

CV: Y ojalá esa persona también empiece a dudar si vale la pena quitarle la vida al otro porque no está de acuerdo con mi programación, siendo tan parcial, tan deleznable, tanto la de uno como la del otro.

AS: El otro aspecto de la esperanza estaba fundado en la normatividad, digámoslo así. Una de las realidades sociales y humanas más importantes es la normatividad. Desde que seamos más de uno, e incluso siendo uno solo, un Robinson Crusoe, se hace necesario que haya una normatividad, una regulación o autorregulación, así sea mínima. Si yo estoy solo, por ejemplo, pues yo tengo que buscar el sustento, el abrigo, y ahí empiezo a aceptar correlación con otro o con otros, así sean éstos animales, plantas, o fuentes de agua. Y cuando empiezo a aceptar correlación con otros, y la necesito, y nadie puede vivir sin ella, pues indudablemente ya yo no puedo hacer lo que me venga en gana, sino que tengo que encontrar un punto medio en la relación, encontrar unas normas mínimas de coexistencia. Ahí surge la normatividad.

Uno tiene dos posibilidades con la normatividad: Una es que uno la dé y otra que uno la siga, y no hay nada más. Esa estructura mental que la gente está teniendo actualmente también abomina mucho de la normatividad; algunos padres de familia y colegios sofisticados, por ejemplo, creen que para formar muchachos más liberados, más liberales, mejor desarrollados, deben casi abolir todas las normas y hasta el respeto por los otros; ojalá que no haya ninguna norma, nada que los cohíba.

CV: Según ellos todo es represivo...

AS: ... Todo es coercitivo; y resulta que uno se da cuenta de que la normatividad no es un capricho, que la realidad es así, que uno no está solo, y que aunque estuviera solo, existen animales, plantas y fuentes de agua, y uno necesita relacionarse de una manera adecuada con ellos, y si no lo hace por altruismo, aunque sea debe hacerlo por egoísmo, para que incluso le contribuyan a su supervivencia; entonces ahí está el otro aspecto que contribuirá a posibilitar el cambio, a fundar la esperanza de que el cambio pueda ocurrir.

Ahora, aunque la humanidad siempre ha tenido una normatividad, ¿cuál es la normatividad que se ha implantado? ¿Cuál es la normatividad que ha prevalecido por siglos y siglos? Pues la normatividad del más fuerte, la normatividad de la jungla, la ley de la selva (como decíamos la vez antepasada), *"la normatividad de que lo mejor, lo conveniente, lo correcto, es ser depredador y no presa"*. Y el problema es que todos justificamos este orden mundial basado en esta premisa, a la cual le damos un valor casi como de axioma, y lo justificamos porque en el fondo tenemos la esperanza de que podamos estar en la categoría de los depredadores, y estamos dispuestos a hacer todo lo posible para no ser presas, y a apostar y confiar en que no nos toque serlo. Este esquema lo ha ensayado la humanidad por siglos y siglos con los resultados que todos conocemos, con la gran mayoría de la población mundial como presas, y con unos pocos depredadores. Y no aprendemos la lección; preferimos seguirle apostando a esta premisa, apostándole a la ilusión de poder ser de la élite depredadora; lo más triste es que incluso las presas le apuestan a esta ilusión.

La historia ha demostrado que las E. M. no nos pueden sacar de nuestro círculo vicioso

AS: Pero si las personas se pudieran dar cuenta de la falacia que ha regido y rige sus vidas, y que ha conducido a tanta miseria y desgracia por siglos y siglos, si pudiéramos ver claro, *si nos diéramos cuenta de que hasta por egoísmo hay que ser altruista, todo cambiaría.* Creo y confío que a través de una educación adecuada, de una formación integral, no de la deformación que se está dando a través del condicionamiento, a la mayoría de las personas les podemos hacer caer en cuenta de lo que implica esa normatividad, ese tipo de vivencia de la correlación con otros. Les podemos hacer caer en la cuenta de que, incluso aunque la persona asuma que su deber es protegerse a sí misma y a los suyos, si tiene una mínima capacidad de pensar, se podrá dar cuenta fácilmente de que la cooperación y la ayuda a los demás, el velar por su bienestar y seguridad, así como asumir el cuidado de los recursos naturales, de las fuentes de agua, de las plantas etc., es la mejor forma de cuidar de uno y de los suyos. Y pienso que esto nos empieza a sacar de esa mirada estrecha y cortoplacista, nos empieza a posibilitar mirar más allá de nuestra nariz, nos permite asumir miradas de mediano y largo plazos, tanto para nuestras vidas como para las comunidades, y de allí, habiéndonos liberado de las urgencias y los inmediatismos, podremos asumir el sentido de trascendencia que está ahogado en cada uno de nosotros. Porque cada uno de nosotros, desde el más humilde hasta el más arrogante, siente que el nacer, crecer y morir no puede ser todo, que el simple sobrevivir no es suficiente, que si esto fuera todo, quizás no valdría la pena vivir. Pero para poder saber si esto es o no es todo, tenemos que aprender a ver y a escuchar, y a no dejarnos llevar por los mercaderes de ilusiones; tenemos que aprender a no caer en la creencia fácil, en la simple aceptación de que hay un más allá para consolarnos de lo penosas y vacuas que son nuestras vidas. Cada uno de nosotros quiere trascender, lleva en sí un sentido de trascendencia; hasta en los actos más elementales las personas buscan la trascendencia; cuando tienen un hijo, muchos están pretendiendo proyectarse un poco más en el tiempo. Ese podría ser el nivel más básico; pero todo mundo quiere saber si hay algo más allá de lo que conocemos y que no nos satisface, porque todos casi que asumimos que esto no es todo; pero desafortunadamente el problema es que lo poco que conocemos lo asumimos como el todo, o queremos conocer el todo con las limitaciones que tenemos, con el único instrumento que conocemos y que medianamente manejamos, o mejor, nos maneja, que es la E. M. I. Y como ya lo hemos visto, como lo han mostrado la historia y la experiencia, ese instrumento no es ni ha sido adecuado para este propósito. Este instrumento no ha podido ni puede ir más allá de lo que conocemos, excepto en lo científico y tecnológico; entonces, no podemos entregarnos a hacer simplemente lo que él nos sugiere, que ya resumíamos en la expresión: "Darse gusto y darse gusto", lo cual nos sume en el círculo vicioso que ilustrábamos en la figura anterior, la cual retomamos, para ilustrar la imposibilidad de continuar pensando, actuando y viviendo como lo hemos venido haciendo si queremos salir del círculo vicioso o de la tautología. Porque, adicionalmente, hay una lógica de retroalimentación entre el microcódigo = inconsciente = controlador, y ese consciente = controlado que genera conflictos recurrentes y permanentes, y algo análogo ocurre con la relación entre la E. M. I. y la E. M. C. (ver figura 9 que también retomamos de las figuras anteriores, con modificaciones).

Aquí hay otra vez algo que viene a ser como un microcódigo para la totalidad y para el individuo, y entonces al desempeñar este microcódigo su papel de controlador en relación con la totalidad y con los individuos, se presenta otra vez la dualidad y el conflicto entre el individuo y la totalidad, entre el individuo y los grupos de individuos, entre individuo e individuo, por mencionar algunos de los múltiples conflictos que se suelen dar, y ante los cuales cada individuo o grupo de individuos no hacen otra cosa que tratar de

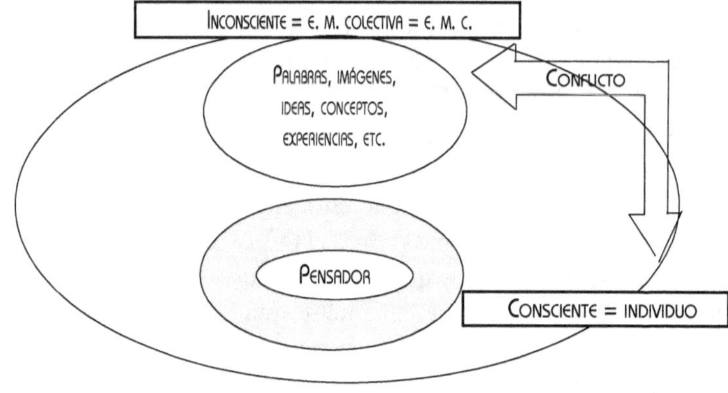

Figura 9.

escapar, o de aplicar la bien conocida ley de la jungla, la ley del más fuerte.

Pero si no continuamos en este trillado camino, y nos damos cuenta de que este mundo de conflicto, pena y dolor no es otra cosa que lo que nosotros somos, que no es sino una proyección de nuestros conflictos internos, y que para resolverlos hay que resolver los conflictos internos, cuando nos demos cuenta de esto, el cambio se empezará a dar. Aquí está el punto de apoyo, porque es en estos individuos que vean esto en donde se puede encontrar alguien que pueda ver que está atrapado, y que quiera salir de su prisión. Pero es necesario insistir hasta el cansancio en que tanto esto, como el sentido de trascendencia, no son para ser predicados, o para hacerles propaganda, sino para ser vivificados por los individuos. Quizás esto es lo que se podría interpretar como reservas mías durante todos estos años, porque temía, y temo todavía, que esto entre a ser solamente otra ideología más. Por esto trabajé siempre a nivel presencial, porque allí era más fácil disipar estos malentendidos, o por lo menos había más posibilidad de intentarlo.

150

La autorrealización: La normatividad personal y el darse gusto

CV: Ahora, yo entiendo que el problema de la normatividad social venga de la necesidad de interacción con otros. Pero la individual, ¿de dónde vendría? Es decir, ¿cómo se supera esa tendencia que hay actualmente a decir que lo importante es la autorrealización? O sea, que si su autorrealización exige cualquier cosa, pues hay que tratar de proporcionársela. Si la persona exige algo, hay que dejarla hacer, y si el niño dice: "Yo no quiero hacer las tareas", o "yo no quiero ir a la escuela", o "yo no quiero someterme a ninguna regla", ya sea de tipo alimentario, o de horas de sueño, o lo que sea, ¿qué hay que hacer? Porque como quien dice, habría razones que tendrían los padres, los maestros, los compañeros, para hacerle ver que por lo menos aceptar una mínima normatividad social es inescapable. Pero ésta de acá, la normatividad individual, ¿de dónde vendría?

AS: Esto lo ilustraba yo en la figura 6, y en la variación de ésta, es decir, en la figura 9, y decía que se nace y se crece dentro de una E. M. C., dentro de una normatividad; según esa figura, cuando nacimos había ya una palabra, una conceptualizacion sobre todo lo que debía ser correcto...

CV: Ah, sí, claro.

AS: Entonces a uno le meten en la cabeza una programación de lo que es satisfactorio, de qué es darse gusto, y por tanto puede ser que si me educan como faquir, entonces mi gusto sea dormir en una cama de puntillas, o puede ser con respecto al consumo de alimentos, que si nací en India me parezca terrible comer carne de res, puede serme hasta repulsivo, y escandalizarme si alguien come carne. Entonces, sólo cuando la gente se dé cuenta de que la normatividad que uno tiene para con uno mismo es otra vez parte del juego, que ya estaba metida ahí, que es parte de la programación, que es parte de la E. M. C. y que se nos ha transferido a nuestra E. M. I., habrá alguna posibilidad de cambio.

¡Es que esa programación es tan absurda! Porque es autorreforzante y enceguecedora; uno jura que el objetivo final de la vida es darse gusto a uno mismo, ser feliz, vivir en función de ello, y que uno debe hacer todo cuanto le sea posible para lograrlo, y la mayoría de seres humanos viven en función de esto. Y por esa ignorancia de la E. M. y de sus implicaciones, uno no se da cuenta de que ese gusto, esa felicidad, lo que uno cree que necesita para ser feliz, depende de la cultura en que se es educado, que esos significados son totalmente diferentes en las diferentes culturas, que el darse gusto, el ser feliz, es algo relativo al marco en el que uno haya crecido y en el cual lo hayan educado, y que en última instancia, ésta es la otra cara de la moneda que sirve de sustento a la E. M. I. y a la E. M. C. Como ya habíamos dicho, uno de los motivos fundamentales de la existencia era la protección contra el dolor psicológico, y el otro, la búsqueda de satisfacción. Y por ésta se ha generado una tendencia a abominar la disciplina o la norma en cada uno de nosotros, puesto que se asume que las normas y la disciplina van contra el "darse gusto", contra esa tendencia a evitar el dolor y a buscar la felicidad. Todo esto nos parece la esencia de la vida, el motivo que la justifica, lo más natural e innato, inherente a la existencia, y sin lo cual no valdría la pena vivir. Pero es pura programación, es algo "educado", impuesto desde fuera.

Me preguntaba también: ¿Con respecto a qué se realiza el individuo?, y resulta que es lo mismo que decía antes: Cada uno se realiza con respecto a lo que le dicta su estructura mental individual, con respecto a la programación que lleva por dentro; es decir, no hay esperanza hasta cuando uno se dé cuenta de que uno vive *para darse gusto...*

CV: ... o tal vez *para realizarse*, que suena menos fuerte.

AS: Pero es que ese *realizarse* como fin último y como objeto de la vida parece adecuado mientras uno vea y sienta que eso es algo después de lo cual no hay nada más, algo así como revelado, que puede reemplazar o ser compatible con su sentido de trascendencia; pero cuando uno logra ver que es una programación, entonces se deshace el castillo de naipes, o por lo menos se pone en desequilibrio ese castillo que uno construyó, y éste es un paso esencial para ir más allá.

Educación: El conocimiento y el know what

Ahora, también es necesario que nos detengamos un poco a examinar el papel de lo conocido, del saber, del conocimiento. Por tanto, sería necesario preguntarnos: ¿Qué aporta el "saber" algo? ¿Cuál es el papel del conocimiento? ¿Cuál es el papel de la educación? Generalmente la sociedad actual está dominada por el conocimiento, por el saber, al igual que la educación. Y esa esa estructura mental individual es educada, maleducada, o como la queramos llamar; pero al fin y al cabo, la génesis, la conformación de *eso* que nos guía, de esa E. M. se ha dado a través y por medio de una educación con respecto a la programación que había en la época en que uno nació, y al medio en donde uno creció; o sea, la causa de que esa E. M. se haya construido en una forma y no en otra es la educación, no sólo la escolar, sino la educación o mala educación que se da a través de todas las actividades formales e informales en que los individuos se ven inmersos. Debido a que las EE. MM., tanto las individuales como las colectivas, no son satisfactorias para los individuos ni para las comunidades, entonces la sociedad trata de mejorarlas a través de la educación escolar, asumiendo que esta mejoría se da a través de la enunciación de los saberes deseables, e ignorando que, en buena parte, ha sido la misma educación la responsable de esas EE. MM. que no se consideran deseables. Adicionalmente, como todo el mundo está metido dentro de la programación, indudablemente no puede salir de ahí, es decir, se cae otra vez en la dicotomía y en la tautología.

Como todo el mundo se ha dividido a sí mismo en controlador y controlado, el círculo vicioso del malestar y la culpabilidad continúan.

La otra pregunta consustancial a ésta sería: ¿Eso querría decir entonces que el "saber-algo" es siempre nocivo? Me refiero a un "saber-algo" en el sentido de un *know-what*, un "saber-qué". En nuestra experiencia como profesores universitarios, muy frecuentemente nos movíamos en este campo y veíamos que ese tipo de conocimiento o saber que el estudiante traía de su casa y de su colegio no operaba en su vida, ni dentro ni fuera de la universidad. Cuando la persona "sabía-que", aunque poseía la información, simplemente la tenía ahí y la rumiaba diciéndose: "Puede que sea correcta, pero eso va contra mi esencia que es darme gusto". Por ejemplo, tomemos el caso que hemos mencionado varias veces de los diferentes tipos de adicciones, como la del alcohólico, cuyo razonamiento se puede explicitar más o menos así: "Pues claro que yo sé que el alcohol me hace mal, pero me da gusto, y el gusto es más necesario para mí que conservar la salud; es decir, es más importante para mí satisfacerme inmediatamente, darme gusto, ...

CV: ...que pensar a largo plazo...

AS: ...eso, que pensar a largo plazo". Entonces uno se da cuenta de que ese "saber algo" no opera mientras que no esté siendo consciente, y este ser consciente o estar consciente no es sólo tener la información, "saber-qué", sino actuar en consecuencia; es no sólo pensarlo, sino vivenciarlo.

CV: Sí, decíamos que el sólo saberlo muchas veces lo que genera es una angustia y una culpabilidad muy hondas, pero no cambia el comportamiento.

AS: Y esto se puede entender mejor en referencia a la figura 6 y a la variación de ésta, la figura 9, donde ilustrábamos que las estructuras mentales tanto individuales como colectivas suelen convertirse en degenerativas y tautológicas. Indudablemente son los mecanismos que posibilitan las decisiones y acciones de los individuos o de las comunidades; pero como esos mismos mecanismos han sido programados previamente, y las decisiones y acciones tomadas y llevadas a la práctica programan a su vez las decisiones y acciones ulteriores, todo esto (estructuras mentales, verdades, decisiones y acciones) no son más que variaciones de la programación inicial.

CV: La realimentación circular, tautológica, está ahí.

Cosmos y éxito evolutivo

AS: Las estructuras mentales son consistentes con la organización preexistente tanto del universo como de los procesos materiales y mentales, y se ven reforzadas por las acciones materiales y mentales; primero hay una organización preexistente; luego hay una organización del sistema sensoriomotriz más el cerebro; luego se simboliza, es decir se sucede la interiorización de la acción; luego llega el fenómeno, que es lo que percibimos de los procesos, y detrás de todo van avanzando los procesos, que son la categoría básica de lo real (esto último es una adaptación del documento de la misión sobre lo real que escribió el Padre).

Con respecto a esto hay dos cosas; hay un conocimiento que es necesario, que es el conocimiento práctico, y hay otro que es el conocimiento psicológico que es prácticamente negativo para mi relación conmigo mismo, con los demás, y con el mundo; o sea, cuando yo me aproximo a la otra persona con algún conocimiento preexistente que tengo de ella, pues indudablemente la detuve en el tiempo y no estoy vivenciando la experiencia de la interacción con esa otra persona, sino que la estoy leyendo desde mi estructura mental; entonces, si la persona desafortunadamente me cayó mal, y eso es coherente con mi estructura mental, indudablemente yo destruí a la persona. Puede que sea una excelente persona, pero yo no podré ver eso; no podré experimentar mi relación con ella sino a través de mis prejuicios. Por tanto, la relación humana dentro de ese contexto no opera. "Yo ya sé que esa persona es así". No le doy ninguna oportunidad de mostrarse como es, sino que la encasillo en mis prejuicios.

El problema entonces es más difícil que pasar de un "saber-qué" a un "saber-cómo". Yo lo pondría así: ¿Cómo pasar de un "saber-qué" a un "saber ver, vivir y experimentar"? Para tratar de responderlo, me valdré de la siguiente metáfora y de la siguiente figura: "En el saber ver", uno está como en un río que corre muy rápido; su corriente es muy fuerte y turbulenta, y lo único que se puede hacer en este caso es seguir la dinámica del río, dejarse llevar.

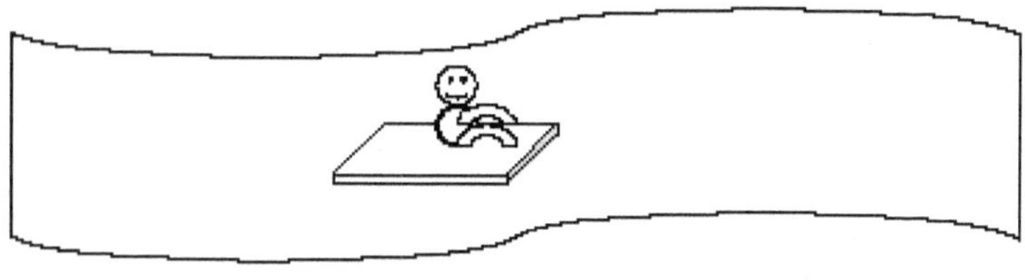

Figura 10.

Uno puede ponerse a remar, pero se cansa, porque al fin y al cabo la dinámica del río es muy fuerte; tarde o temprano lo agota a uno, y eso parece ser que es definitivamente, totalmente, desesperanzador. Pero si uno, en lugar de remar hasta agotarse, sin caer tampoco en la impotencia o en el pánico, aguza todas sus capacidades, todos sus sentidos, todo su ser, ante el peligro inminente, quizás no se le escape la posibilidad de ver un arbolito, que es su única esperanza de salirse del río, de salvarse. Y el arbolito le permitirá salirse, agarrarse de él, sólo si uno tiene la energía necesaria para saltar, sostenerse, y salir del atolladero por medio de él.

Es como decir que cuando yo me doy cuenta claramente de que estoy en esa dinámica, que prácticamente el río me va a ganar, que estoy perdiendo mi vida, que la voy a perder si no salgo de ese círculo vicioso, pues la única forma es darme cuenta de que hay una forma totalmente nueva y diferente de abordar el problema, que implica un saber ver, percibir, oír, aprender, construir, etc., que no son simplemente "saberes-que", sino que corresponden a "un saber vivir", porque no son sólo saberes intelectuales, sino que operan en la persona y la hacen actuar en consecuencia cuando la vida así lo requiere de ellos. En el caso de la metáfora, sólo tengo dos posibilidades: Hago lo que parece normal y lógico ante esa situación, o sea remar desesperadamente hasta agotarme, o rompo con este tipo de comportamiento que no me conducirá a ninguna parte. Si lo hago, en este caso dejando de remar y tirándome a agarrar la rama del árbol, eso es una ruptura total con ese condicionamiento, es una mutación.

Con esto quería insistir en que ese microcódigo no era modificable a través de sí mismo, no se podía reprogramar a sí mismo (eso era lo que decía yo del psicoanálisis). Más aún, no se trataba de reprogramarlo, porque o si no estaríamos de nuevo en el mismo problema, ensayando, probando nuevas programaciones, haciendo lo mismo que la humanidad había hecho por miles de años, sin ningún fruto, sin resolver el problema.

¿Qué tenemos en el fondo? El mundo como totalidad, así como las tonalidades que parecen componerlo, son ya producto cultural y mental; el mundo, las sociedades, las personas, las maneras de actuar y conocer cultural e individualmente han coevolucionado con "relativo éxito" desde hace cuatro o cinco millones de años (esta última expresión también es una adaptación del documento de la misión sobre lo real). Y ahí sí yo cuestionaba eso del "relativo éxito"; no sé si entiendo bien la expresión en el sentido de que las personas, animales y plantas que hoy existen son las que han logrado sobrevivir, puesto que han logrado superar todos los obstáculos que se les presentaron para su supervivencia durante estos cuatro o cinco millones de años.

CV: Sí, evolutivamente los biólogos le atribuyen el éxito a la supervivencia, es decir si todavía hay hormigas hoy día, es que tuvieron éxito evolutivo; que sean perjudiciales, o que lo piquen a uno, pues eso es problema de uno, pero ellas siguen adelante.

AS: Sí, esta frase me pareció muy interesante, porque eso es lo que muestra claramente esa dinámica tan terrible que estamos llevando, tan fuerte, tan milenaria, tan arraigada, que precisamente ahí está el problema para romperla.

CV: Es lo mismo del río: Cada vez que la corriente va cogiendo más fuerza, cuando uno se va acercando más a la catarata, pues ya menos se puede uno salir de la balsa, ni remando ni agarrándose de ningún árbol. Hay cierta ingenuidad en nosotros al creer que muchas de estas cosas son muy controlables, cuando en realidad son el resultado de millones de años de selección; por ejemplo, no es tan fácil que los grupos humanos dejen de vivir de la rapiña, de

158

robarse lo que los demás hacen, porque en la evolución social *los guerreros que ganaron fueron los que sobrevivieron; en cambio, los grupos humanos que eran calmados y tranquilos y querían vivir su vida en paz, pues los mataron.*

AS: Y nosotros somos hijos de los sobrevivientes, de los guerreros; entonces todo parece indicar que no tenemos muchas posibilidades de salir de esto, que esto está tan arraigado, y sigue arraigándose cada vez más, que no hay esperanza. Eso le produce a uno prácticamente una conmoción. Pero *si veo esto claramente,* si me doy cuenta de que el sentido en que hemos estado marchando no conduce a ninguna parte, sino que sólo conduce a más de lo mismo, a más dolor, a más violencia, etc., entonces cambiamos de rumbo, desechamos todo eso, y mutamos radicalmente. Esto es lo fundamental, el romper no sólo la inercia, sino prácticamente el *mutar*.

En nuestra fragilidad está nuestra fuerza

Lo otro que habíamos resaltado era lo concerniente a los mínimos. En relación con éstos, decíamos que el problema no era tratarlos como un "saber-qué", el cual había que promulgar, o hacer aprender, o conocer, sino que se trataba de que los seres humanos nos diéramos cuenta de ellos en el diario vivir y los comprendiéramos profundamente, vivencialmente en toda su integridad.

Estos mínimos los habíamos agrupado en cuatro categorías: Primero, los físicos; segundo, los psicológicos; tercero, los ecológicos, y cuarto, los comunicativos.

Estos mínimos los entendíamos como aquellos axiomas que posibilitaban a cada ser humano ejercer su humanidad. De cada una de estas cuatro categorías mencionábamos básicamente los siguientes mínimos:

Primero, de los físicos: Que no nos maten. Que no nos hagan daño. Que nos respeten nuestra integridad física.

Segundo, de los psicológicos: Que nos quieran. Que nos respeten. Que nos pongan bolas a nuestras bobadas.

Tercero, de los ecológicos: Agua. Aire. Alimento. Abrigo; entiendo por abrigo el vestido y el techo. Éstos dependen de un equilibrio entre todos.

Cuarto: A los comunicativos los he dejado de últimos por varios motivos, pero sólo haré referencia al más importante de éstos, y era que en ellos estaba intrínsecamente la posibilidad de hacer ver esa tautología, y salir de ella; es decir, mientras que uno esté dentro de ella y no se cuelgue del árbol, por decirlo así, mientras no se salga de esa tautología, el tratar de comunicarse será casi un ejercicio inútil. Y ahí retornábamos e insistíamos una vez en el problema principal nuestro, que era el de poder ver y escuchar sin filtros, tamices, o prejuicios, y que la gente vea y escuche, que lo hagan los individuos, y las comunidades, que empiecen a ver que hay una dinámica diferente de proceder, que se salgan de esa estructura de la secuencia que teníamos ilustrada en la figura 8, con las estructuras mentales E1, E2, E3, E4 ..., En, que producían verdades V1, V2, V3, V4 ..., Vn, que se modificaban permanentemente. Y mientras que uno esté en cualquiera de éstas, pues sigue estando en una de las barcas que van por el río, donde sus pasajeros no tienen salida. Pero si éstos encuentran de dónde agarrarse, un punto de apoyo, una rama de árbol, que en nuestro trabajo corresponde al taller y a la retroalimentación subsecuente, eso es lo único que necesitan las personas para darse cuenta de que indudablemente la mecánica en que están envueltas no es tan absoluta. Entonces habrá salida. Ahí está nuestro problema más grave, y es un problema comunicativo.

CV: Bueno, pero en lo que se llama la ética comunicativa de Karl-Otto Apel, de Jürgen Habermas, de Adela Cortina, etc., los mínimos comunicativos más bien se refieren a otra cosa, como por ejemplo a escuchar al otro con atención. El respeto que usted puso entre los mínimos psicológicos está bien entre ellos, pero también pertenece a los mínimos comunicativos, en el sentido de no reaccionar hasta no estar seguro de que uno entiende lo que el otro quiere decir; darle al otro el beneficio de la duda; por lo menos esperar a ver si logro entender por qué lo dice, pues por algo lo ha pensado y lo ha querido decir. Aunque le cueste decirlo, o lo esté diciendo mal dicho, o en un momento poco apropiado, todavía démosle el beneficio de la duda, para que veamos si es valioso o importante lo que dice. Cosas como dejar hablar al otro, respetar el turno en el debate, acceder a las razones más fuertes, son mínimos en que tenemos que insistir, y no es difícil mostrar que son mínimos necesarios. Por ejemplo, si usted me dice que no acepta que el que dé las mejores razones es el que ganó la discusión, entonces para qué discutimos. Allí no puede haber comunicación alguna. Para hacerle ver que ese mínimo no se puede rechazar, yo le preguntaría a usted: "Bueno, entonces, ¿quién es el que usted acepta que ganó la discusión? ¿El que más rápido saque el revólver, como en el Lejano Oeste? Bueno, entonces ése es su estándar, y no podemos discutir sobre él, porque la única manera de hacerlo sería sacar yo más rápido el revólver y matarlo a usted primero, y entonces ya para qué discutimos; o usted me mata a mí primero, y también se acabó, y para qué discutimos". Por esto los mínimos comunicativos son muy duros, en el sentido de que el que los trate de refutar, por el solo hecho de discutirlos ya los está afirmando. Lo que es muy llamativo de esta ética comunicativa de que hablábamos, de Apel, Habermas y Cortina, es que muestra que aun la persona que quiere comunicarse acerca de ellos tiene más o menos inconscientemente que postularlos, hasta el punto de que aun en el intento de negarlos verbalmente se le puede hacer ver que los está afirmando. Eso es lo que llaman ellos la *contradicción performativa;* no es una contradicción discursiva como la clásica en la filosofía, en que usted primero dijo una cosa, y después se contradijo, sino que aquí, aun en el mismo hecho de negar, por ejemplo, que yo tengo que respetarle la palabra, o usted a mí, lo obliga a usted por lo menos a que tenga que abrir ese campo para poder decir eso, y yo me tengo que quedar callado para oírle, y entonces ya con eso estamos volviendo a postular que hay que respetar la palabra y oír lo que el otro quiere decir. Y así, cuando Adela Cortina contesta las preguntas que le hacen en las discusiones, es muy hábil en mostrarle precisamente al que le objete sus propuestas éticas cómo se contradice performativamente al objetarlas. Por ejemplo, un estudiante de la Universidad Nacional le dijo que ella estaba tratando de imponernos una ética europea; entonces ella le dijo: "Bueno, ¿tiene usted razones para hacer esa afirmación?" . Y el otro respondió: "¡Claro! Usted tiene que respetarnos a los colombianos". Ella le dijo: "Eso es precisamente lo que yo estaba diciendo, y esa exigencia de respeto es uno de los mínimos que mi ética estaba exigiendo, sea europea o no; y además sería bueno que usted también nos respetara a los europeos, ¿o no?". Y lo dejó callado. Entonces, esa persona, por objetarle a ella, estaba cayendo en la contradicción performativa, y a la hora de la verdad, la misma acción de poner la objeción antes consolidaba lo que ella había propuesto como mínimo; esto tiene un sentido muy técnico, pero me interesó mucho ver la otra interpretación tan ingeniosa que usted le sacó a este tema tan difícil de los mínimos comunicativos.

AS: Precisamente por esto consideré pertinente no limitarme a hacer el listado, sino que por la experiencia con nuestros estudiantes, cuando hemos trabajado a Habermas, incluso con aquéllos que relativamente manejan y gustan de Habermas, me he dado cuenta de que, para ellos, esa acción comunicativa no es otra cosa que un "saber-qué", y es como una apariencia, o un disfraz que se ponen para decir: "Yo sí sé qué es la acción comunicativa", o "yo sí cumplo con una acción comunicativa", o "yo sí soy coherente con la acción comunicativa"; pero en el fondo, es sólo parte de una programación, una especie de pose, de dárselas de que han leído mucho. Es decir, si la persona ha estudiado al autor X, sea Adela Cortina, o Jürgen Habermas, o quien sea, entonces dice de dientes para afuera: "Yo sé que según la ética comunicativa tengo que respetarlo a usted". Pero en el fondo, como eso es un puro "saber-qué", parece que estuviera diciendo pasito: "Pero respetarlo es que lo oigo, pero no lo escucho". Es decir, lo dejo hablar y hasta le oigo lo que dice, porque sé que eso es coherente con la teoría, pero *en la praxis no estoy dispuesto a cambiar en el caso de que usted me convenza de que tiene razón.* Y en ese sentido yo veía esto otra vez como muy teórico, veía otra vez el mismo problema de enunciar, de hacerle propaganda a lo que parece verdadero a la luz del intelecto, pero sin vivenciarlo, sin que lleve a la acción. Yo alcancé a hacer un listado como el que habíamos hecho la vez pasada, pero dije: "¡Un momento! Ahí simplemente me estoy quedando otra vez dentro de la tautología". Uno ve que también muchas de estas personas que manejan estos autores, cuando uno trata de comunicarse con ellas, le resulta una empresa muy difícil, porque esa misma autoridad que se atribuyen por haber estudiado ese tópico y por ese aparente dominio del manejo comunicativo, pues niega de hecho la comunicación; ese mismo "saber-qué" se les volvió ya como otro tamiz que se pusieron ahí en contra de una comunicación vivencial.

CV: Lo mismo pasa con el uso de las palabras raras, o con saber palabras extranjeras, o nombres de autores; por ejemplo, uno lo comprueba frecuentemente en estudiantes que intentan descrestar con nombres que ni siquiera saben escribir, que confunden un libro con otro, etc. Pero en nuestro medio el que levanta la mano y dice: "Piaget, Habermas, Gardner, Perkins, o el que sea, dice esto y esto", pues tiene su *status* alto.

AS: Y ya trata de ver a los demás como si fueran menos.

CV: Muchas veces eso les pasa a los estudiantes que asisten en las facultades de filosofía a estos seminarios, a excepción de los de Adela Cortina, y tal vez de los de Eleanor Duckworth en Harvard. En los seminarios en los que se trata sobre la comunicación, los estudiantes resienten que *mientras más sabe el tipo que lo dirige sobre la teoría, más obvio es para todos que no la vive profundamente, vivencialmente*, porque no está ni siquiera dispuesto a que alguien le interprete de otra manera una frase del autor, porque él es la autoridad máxima sobre ese autor. Los estudiantes le notan ahí mismo que su conocimiento de las reglas del juego comunicativo se reduce a un conocimiento de lo superficial de ese juego, pero no llega hasta exponerse abierta y profundamente a que su estructura mental se vaya a...

AS: ...poner en juego...

CV: ...ni a arriesgarse a que aparezca como deficiente, o como tautológica, o como negativa, o como improductiva, o como perjudicial para la especie, o lo que sea. Es decir, uno no está dispuesto realmente a poner en juego su prestigio y sus convicciones, ni a dejarse que otra persona lo vaya a hacer quedar mal en público.

AS: Quizás ésa es una de sus mayores preocupaciones: que no lo vayan a avergonzar. Incluso ése es un cinturón protector que ellos se colocan: "Yo sé tanta teoría que nadie me va a poder refutar". Se ponen al autor como escudo protector, lo usan como ofensa para impedir al otro que se acerque, porque yo sé y él no sabe; le usan una palabra técnica, y saben que el otro no sabe lo que significa dentro del contexto del autor y la teoría; es como si se dijeran: "Yo quedo bien poniendo al otro en evidencia con los demás, haciéndolo aparecer como un ignorante". *El objeto no es pues la comunicación en sí, ni poner en juego mi teoría, o mi estructura mental, para abrir oportunidades de mejorarla.* Pero incluso lo interesante para mí, es *que en el momento en que la persona vea eso, empieza a tener un mecanismo de autocorrección, si uno sinceramente, por experiencia, y vivencialmente pone en juego su estructura mental, pues indudablemente ya empezó la autocorrección*, porque el otro es el corrector, en quien me hace de espejo, quien me señala que tengo aquí un mugre, y entonces tengo que lavármelo o limpiármelo; o que estoy herido, y entonces tengo que curarme. Para mí, por eso el sentido de "lo comunicativo" entraba a no ser algo para postular, porque aquí estaba el peligro de que la persona lo oyera y lo aprendiera otra vez como ese *know-what* de que hablaba el Padre, y entonces ya lo desvirtuó y no dio lugar a ese *volverse uno frágil* ante el otro.

CV: ¡Eso es!, ¡Ahí está!, ¡…ése es el punto! Eso es lo que llaman los psiquiatras "mecanismo de defensa"; es decir, usted no *quiere ser vulnerable.*

AS: ¡…Ésa es la palabra que buscaba! *Si todos somos vulnerables, y nos reconocemos como vulnerables, y nos convencemos vivencialmente de que la estructura mental es vulnerable, perfectible, modificable, entonces la dinámica empieza, y marcha por sí sola.*

CV: Y además, también le hace a uno no entusiasmarse tanto con la nueva teoría que lea o que oiga, para que uno no la vuelva a adoptar casi con el mismo mecanismo de esclavizarse a ella, de divinizarla y volverla ídolo. Si antes mi ídolo era Piaget, ahora es Habermas, o es Foucault, porque no caigo en la cuenta de que precisamente *cualquiera de esas teorías tienen en el fondo la misma estructura de trampa*, y que el hecho de que sea mejor, explique mejor los procesos y los fenómenos, puede que sea un progreso en el sentido del estudio de las ideas...

AS: ...del *know-what...*

CV: ...pero puede ser a su vez la trampa que lo hace a uno más cerrado, menos accesible al cambio y a la sencillez.

AS: Y si se ve eso profundamente, vivencialmente, se da una humanizacion total, porque es olvidarse de que el problema es la trampa de las ideas, o la de luchar por ellas, o la de entregar nuestras vidas por ellas. Estas teorías y estas ideas ya no son tan importantes; son un medio para comunicarse, para reflejarse, verse, comunicarse, entenderse y conocerse; pero no sirven más allá de eso. Es decir, hemos encontrado que lo importante es el ser humano en sí, la relación, la interacción y la posibilidad de autocorrección de cada uno y del sistema social y ecológico.

171